Ⓢ新潮新書

山本博文
YAMAMOTO Hirofumi

「忠臣蔵」の決算書

495

新潮社

はじめに

事件をモデルとした歌舞伎が大当たりを取ったため、その題名「忠臣蔵《ちゅうしんぐら》」で知られるようになった赤穂《あこう》事件は、播州《ばんしゅう》赤穂藩浅野《あさの》家の旧臣四十七人が、主君の仇《あだ》と号して、江戸市中、本所松坂町の吉良上野介《きらこうづけのすけ》屋敷へ討ち入り、上野介の首を取ったという元禄十五年（一七〇二）の事件である。

赤穂事件は、現代でも時代小説やＴＶ時代劇などで人気の題材だが、元禄の世においても、瞬く間にこの事件のことは日本全国に広まり、武士たちだけでなく庶民層に至るまでよく知られた事件であった。四十六士切腹のわずか十二日後に、早くも江戸の中村座で「曙曾我夜討《あけぼのそがのようち》」という題名で芝居にされたほどである。もっとも、これは即座に幕府から上演禁止を命じられており、竹田出雲《たけだいずも》らの合作『仮名手本《かなでほん》忠臣蔵』の登場には、討ち入りから四十六年後の寛延元年（一七四八）を待たなくてはならない。

しかし、吉良邸討ち入りは、事件直後から同時代人によって主君の仇を討った「義挙」とされ、武士の「忠義」の美談とされた。そのため、本来は幕府の威光を憚《はばか》るはずの事件でありながら、関係史料を記録、保存することに制約が無く、結果的に事件関係者がリアルタイムに書き記した文書が豊富に残されている。近世史研究の分野では、この史料の蓄積を活かして、事件そのものの史実を解明するだけでなく、江戸時代の武士の倫理観や心性を探る格好の事例として、さまざまな分析がなされてきたのである。

この「武士の倫理観」をどう捉えるかは、もとより非常に大事なテーマだが、本書では、その倫理観の陰に隠れて赤穂事件の研究では見過ごされがちな「経済的側面」からこの事件を見ていきたい。

つまり、主君の刃傷《にんじょう》事件によって藩がお取り潰しになったとき、旧藩士はどの程度の退職金を得たのか、浪人生活の苦しさとは具体的にどのようなものだったのか、生活費に窮した時はどうしたのか、といったことである。

そして、何よりもつぶさに見ていきたいのは、最終的に四十七士が吉良邸討ち入りという大プロジェクトを遂行するにあたって、相談や指示伝達のための江戸―上方間の旅費、江戸でのアジトの維持費、そしてこの間の生活費、さらに討ち入りを実行するための武器の購入費など、その諸費用をどのように賄《まかな》い、また支出していったかである。資金的裏付けがあってこそ、吉良邸討ち入りは成功した。討ち入りに至るまでの金銭の意味は、一般に想像されている以上に大きかったはずである。

これを究明するため、本書では、大石内蔵助《おおいしくらのすけ》が遺した『預置候金銀請払帳《あずかりおきそうろうきんぎんうけはらいちょう》』を中心に赤穂事件を考察して行きたい。この史料は、神奈川県箱根町にある箱根神社に所蔵されているものであるが、討ち入りまでに使用された経費「総額六百九十七両」の個別の使途内容とその金額が記されているという非常に貴重なものである。

そもそも同史料は、四十七士を率いた大石内蔵助が、討ち入り直前に亡君浅野内匠頭《たくみのかみ》の正室瑤泉院《ようぜんいん》へ向けて提出した、いわば討ち入り計画の「決算書」とも言うべき位置づけの文書であったことが、他の史料から裏付けられる。

このような「決算書」があることに驚かれる読者も少なくないと思われるが、『預置候金銀請払帳』は、けっして秘蔵史料、新発見史料などではない。研究者にはよく知られた史料で、赤穂事件をテーマとする論文、論考では、必ずと言ってよいほど引用や言及がなされている。ところが、不思議なことにこの史料そのものを主体的に分析した研究は、わずかに二、三を挙げられる程度であった。

そこで本書は、大石内蔵助をはじめとする赤穂浪士たちの金銭の使用状況を見ていくことによって、赤穂事件の知られざる一面を明らかにするとともに、元禄武士の生活感覚にも迫っていくことを目指すものである。

また、あえて経済的側面から赤穂浪士の行動に分析を加えることが、むしろ赤穂浪士たちの「武士道」の深層を明確に浮かび上がらせるものだと考えている。

「忠臣蔵」の決算書・目　次

地図製作＝吉田富男

序章　赤穂事件と「決算書」

基礎史料と事件の経過

赤穂《あこう》事件は、起こった当初から世の注目を浴びた事件なので、「はじめに」でも触れたように、じつに多数の史料が残されている。

四十七士たち自身の覚書や書状の他、幕府の役人など事件に直接関係した当事者が書き残したものも多く、またそうした信頼できる覚書や書状類を整理して、事件からごく早い時期に編纂された『江赤見聞記《こうせきけんもんき》』などの史書があり、さらに赤穂事件を論じた同時代の儒者たちの評論なども充実しているのである。

では、具体的に、どんな史料が残されているのかを見ながら、本書の前提となる赤穂事件の経過を少し駆け足で確認して行きたい。

元禄十四年(一七〇一)三月十四日、播州赤穂藩主の浅野《あさの》内匠頭長矩《たくみのかみながのり》が、江戸城中で高家《こうけ》筆頭の吉良上野介義央《きらこうづけのすけよしひさ》(「よしなか」とも)に斬りかかった。

吉良上野介が、江戸城松の廊下で留守居番《るすいばん》（江戸城大奥の管理責任者。上級旗本の役職）の梶川与惣兵衛《かじかわよそびょうえ》と立ち話をしていたところ、内匠頭が、「此間《このあいだ》の遺恨《いこん》、覚《おぼ》えたるか」と言いながら、背後から小さ刀《ちいがたな》（脇差）で上野介に斬り付けたのである。

これが、四十七士の吉良邸討ち入りまで、一年九ヶ月に及ぶ赤穂事件の発端となる。

この日は、年始の礼のため京都から下向していた勅使《ちょくし》（天皇の使者）・院使《いんし》（上皇の使者）が、帰京を前にした「御暇《おいとま》の挨拶」を将軍にする日だった。勅使・院使に対する儀式全般を総括するのが「高家」である上野介の役目で、内匠頭はその指導の下に勅使饗応役《きょうおうやく》、つまり勅使の接待役を勤めていた。

内匠頭の小さ刀は、振り向いた上野介の烏帽子《えぼし》の金具にあたり、大きな音をたてた。驚いた上野介は、向き直って逃げようとしたが、追いかけた内匠頭は、さらに二度ほど斬り付けた。上野介と話をしていた梶川が、背後から内匠頭を抱き留め、その場に周囲の人も集まってきたので、内匠頭はそれ以上、上野介を傷つけることはできなかった。

この刃傷《にんじょう》の様子については、内匠頭が斬りつけたとき、松の廊下で吉良上野介と立ち話をしていた梶川が、『梶川氏筆記』を遺しており、また事件の収拾対応にあたった目《め》付《つけ》（幕府内の監察役）による『多門伝八郎覚書《おかどでんぱちろう》』がある。

ご存じの通り、内匠頭が刃傷に及んだ動機には諸説があるが、残念ながら多数の史料の中にも、それを明確に示すものはない。だが、同時代人の事件直後の日記にも、「吉良殿は、評判の横柄《おうへい》な人だということです。過大な進物などを平気で受け、人の物を方々で欲しがってせびり取ることが多いということです」（「秋田藩家老岡本元朝日記」）と記されているほどなので、内匠頭の短慮は否めないものの、その怒りも理由のないことではなかったようである。

しかし、殿中での刃傷ということで、内匠頭は、陸奥一関藩《むついちのせき》三万石の田村右京大夫建顕《たむらうきょうのだいぶたけあき》へお預けになり、江戸城平川門から愛宕下《あたごした》の田村邸（現在の港区新橋四丁目）へ護送された。そして、大切な儀式の場を血で汚した内匠頭を憎んだ将軍綱吉は、即日、切腹を命じた。

江戸にいる赤穂藩家臣の多くは、勅使の宿舎にあてられていた江戸城大手門前の伝奏《てんそう》屋敷《やしき》に詰めていたが、藩邸への引き払いを命じられた。また、田村邸からは、内匠頭の遺骸《いがい》を引き取るようにとの連絡が来た。

そこで、赤穂藩から用人《ようにん》（藩政の事務責任者）の粕谷《かすや》勘左衛門《かんざえもん》、留守居《るすい》（幕府や他藩との渉外担当）の建部《たてべ》喜六《きろく》、側用人《そばようにん》（藩主の側近）の片岡源五右衛門《かたおかげんごえもん》などが田村邸へ行き、遺骸を引き取った。遺骸は浅野家の菩提寺である芝の泉岳寺《せんがくじ》へ送られ、ひっそりと埋葬された。こうした動向は、内匠頭の身柄を預かった一関藩の記録が伝える。

一方、刃傷事件のもう一人の主役である上野介は、まったく抵抗しなかったので、刃傷事件は「喧嘩《けんか》」とは認定されず「構《かま》いなし」、つまり無罪とされ、将軍綱吉から見舞いの言葉までかけられている。

築地《つきじ》鉄炮洲《てっぽうず》の赤穂藩上屋敷（現在の中央区明石町）では、内匠頭の正室阿久里《あぐり》が十四日夜に剃髪した。当初、「寿昌院《じゅしょういん》」と号したが、将軍の生母桂昌院《けいしょういん》と「昌」の字が重なることを遠慮して、まもなく「瑤泉院《ようぜんいん》」に改めている。瑤泉院は、実家の備後《びんご》三次《みよし》藩五万石の浅野土佐守長澄《ながずみ》に引き取られることになり、翌十五日の明け方、麻布今井町の三次藩下屋敷（現在の港区赤坂六丁目）に移った。当主の長澄は瑤泉院の甥にあたり、三次浅野家は、赤穂浅野家にとっても親戚筋の家であった。

また、兄の内匠頭から三千石を分け与えられて旗本になっていた弟の浅野大学長広《だいがくながひろ》は、幕府の裁判機関である評定所に呼び出され、「閉門《へいもん》」（屋敷の出入りを禁じた重い謹慎処分）を命じられた。


赤穂藩の国元では、事件から五日後の三月十九日に、江戸から刃傷事件の発生と、内匠頭の切腹、藩取り潰しの幕命が下ったとの相次ぐ知らせを受け、筆頭家老の大石内蔵助良雄《おおいしくらのすけよしたか》を中心に、幕府への赤穂城引き渡しにつき、城内で連日議論がなされた。

問題となったのは、上野介の生死である。主君が上野介に斬りつけた以上、当時の武士の常識感覚ではこれは明らかに喧嘩であって、天下の大法である喧嘩両成敗法に基づいて上野介にも同等の処罰がなされる必要があった。上野介の存命を見過ごすようでは、家臣として「武士《ぶし》の一分《いちぶん》」が立たないので、藩内では籠城《ろうじょう》を主張する者があり、また城の大手門で切腹して幕府に上野介への処分を促すべきとの意見などが出されたが、最終的には開城することとなった。

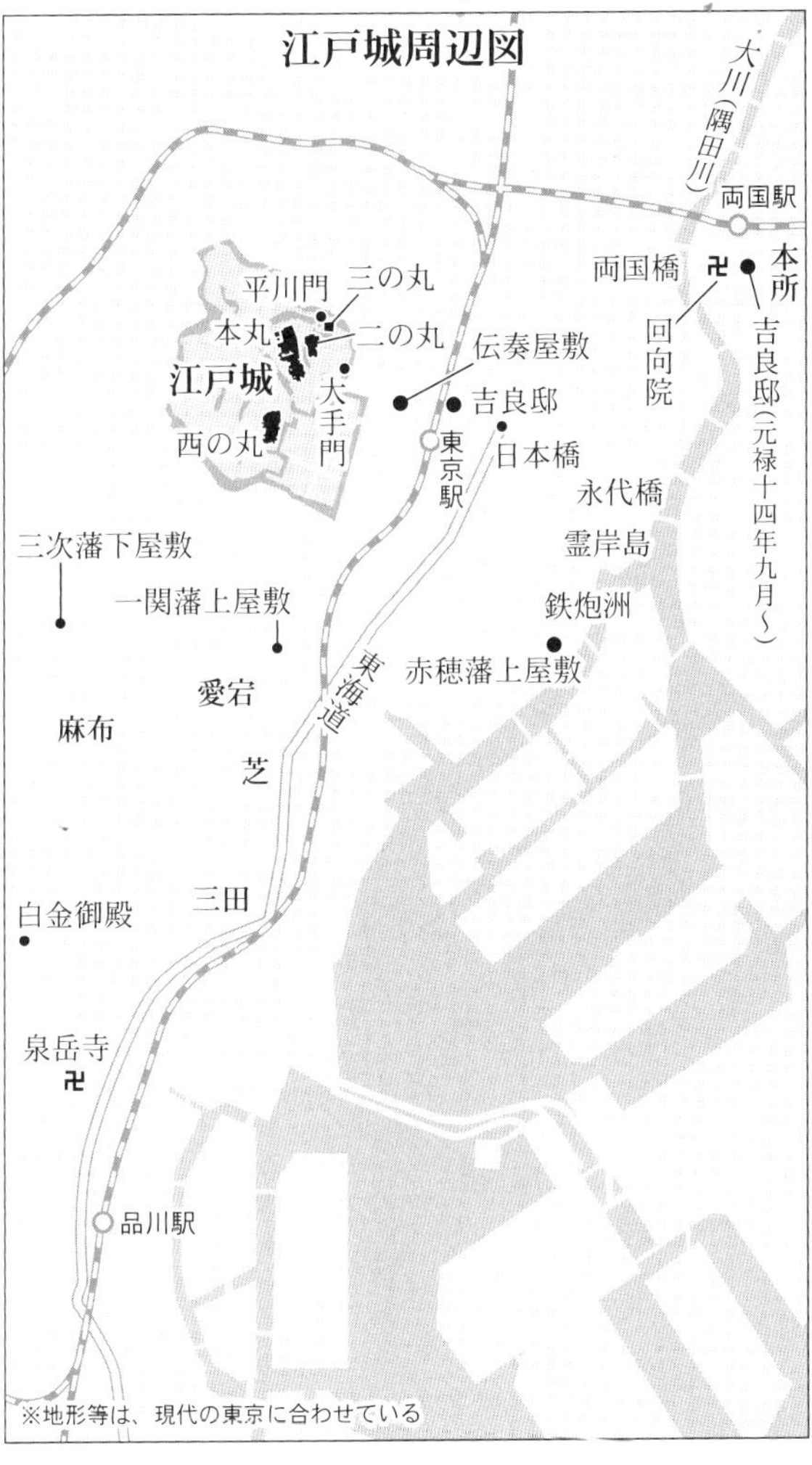
江戸城周辺図
大川(隅田川)
両国駅
両国橋
本所
回向院
吉良邸(元禄十四年九月～)
平川門
三の丸
本丸
二の丸
江戸城
大手門
西の丸
伝奏屋敷
吉良邸
東京駅
日本橋
永代橋
霊岸島
鉄炮洲
赤穂藩上屋敷
三次藩下屋敷
一関藩上屋敷
愛宕
麻布
東海道
芝
三田
白金御殿
泉岳寺
品川駅
※地形等は、現代の東京に合わせている

この間の状況を報せる史料には、四十七士の一人である岡島八十右衛門《おかじまやそえもん》常樹《つねしげ》が残した『岡島常樹覚書』や、幕府から城の受け取りの加勢に遣わされた播州龍野《たつの》藩脇坂《わきさか》家の記録などがある。

そして、赤穂城を四月十九日に開城した後の旧藩士たちの動向については、四十七士の一人である堀部《ほりべ》安兵衛武庸《やすびょうえたけつね》が、その往復書簡などを控えた『堀部武庸筆記』や、四十七士の中でただ一人、討ち入り後も生き延びた寺坂吉右衛門信行《てらさかきちえもんのぶゆき》による『寺坂信行筆記』などがあり、他にも四十七士とその家族などの間で取り交わされた数多くの手紙が残されている。

赤穂を退散した後も、旧藩士たちのうち百二十名ほどは内蔵助に同心して行動をともにすることを誓っていたが、堀部安兵衛ら江戸定詰《えどじょうづめ》（藩主の参勤交代にかかわらず、常に江戸で勤仕する藩士）だった者の多くは、当初から吉良邸討ち入りを主張し続けていた。

しかし、大石内蔵助は、浅野大学が内匠頭の家督《かとく》を継ぐことによる赤穂浅野家の再興を目指しており、その努力があって、堀部安兵衛ら急進派が暴発することはなかった。

ただし「御家再興」と言っても、単に大学が内匠頭の名跡を継ぐだけではなく、上野介に処分がなされることもその要件に入っていた。

この間、上野介の評判は幕府内でも悪くなっており、吉良家は九月二日に、江戸城にごく近い呉服橋（現在の中央区八重洲一丁目）から、当時は江戸のはずれであった隅田川東岸の本所（現在の墨田区両国三丁目）へ屋敷替えを命じられている。また、十二月十一日、上野介は隠居し、上野介の嫡孫で羽州米沢藩十五万石の上杉家から養子に入っていた左兵衛義周《さひょうえよしちか》が吉良家の家督を継いだ。左兵衛の実父は米沢藩主の上杉綱憲《つなのり》で、綱憲は上野介の長男であるが、母親（上野介正室）が前藩主上杉綱勝《つなかつ》の妹であったため、後嗣《こうし》の無かった上杉家へ養子に入っていた。

翌十五年七月、幕府から閉門を命じられていた浅野大学が、本家筋の芸州広島藩主浅野綱長《つななが》へお預けになることが決まる。これは、御家再興の見込み無し、と判断するに十分な処分であった。

そこで内蔵助は、安兵衛ら江戸の者や上方に散在する同志たちと討ち入りの決意を固めた。同年十一月頃までに同志は江戸へ集結するが、すでにその人数は五十数名ほどに減っており、さらに江戸へ出てからも逃亡する者が出た。

そして、十二月十四日（十五日未明）、内蔵助以下四十七士は、本所の吉良邸に討ち入り、上野介の首をとった。内蔵助たちは、本所から芝高輪の泉岳寺まで行進し、内匠頭の墓に上野介の首を供えた。

幕府は、討ち入り後に姿を消した足軽の寺坂吉右衛門を除く四十六人を泉岳寺から熊本藩主細川綱利《つなとし》ら四大名家に預け、すぐには内蔵助たちの処分を行わなかった。主君の仇を討った忠臣を殺していいものか迷ったのである。諸大名からも助命の嘆願があり、老中の中にも彼らを忠義の武士だと考える者がいた。

この討ち入り当日の様子については、四十七士の一人である原惣右衛門《はらそうえもん》の供述書や、取り調べの責任者であった幕府大目付《おおめつけ》（大名の監察役。上級旗本の役職）の仙石伯耆守久尚《せんごくほうきのかみひさなお》が記した尋問調書の控えが詳しく、熊本藩細川家の預け人担当役人だった堀内伝右衛門《ほりうちでんえもん》も、内蔵助たちの回想などを聞き取って『堀内伝右衛門覚書』を残している。

元禄赤穂事件年表

元禄十四年（1701）	
3月14日	
（11時頃）	将軍、勅使・院使から御暇の挨拶を受ける
（11時過ぎ）	浅野内匠頭、吉良上野介に斬りつける
（14時頃）	赤穂への急使（第一便）が江戸を出発
（15時頃）	内匠頭、江戸城から一関藩邸へ移送される
（18時頃）	内匠頭、幕府の命により切腹
（同　夜）	赤穂への急使（第二便）が江戸を出発
（同　夜）	内匠頭正室・阿久里が剃髪
3月15日	幕府、赤穂城受け取りの上使を任命する
3月19日	
（4時頃）	江戸からの急使（第一便）が赤穂に到着
（20時頃）	江戸からの急使（第二便）が赤穂に到着
4月16日	幕府上使が赤穂入り
4月19日	幕府上使へ赤穂城を引き渡す
6月4日	内蔵助、残務を終えて赤穂を引払う
	『預置候金銀請払帳』に関する出納が始まる
9月2日	吉良家、呉服橋から本所へ屋敷替え
12月11日	上野介、隠居。吉良左兵衛が家督を継ぐ
元禄十五年（1702）	
7月18日	浅野大学に広島藩へお預けの処分が下る
7月28日	赤穂藩旧臣が京・円山で討ち入りを決する
8月～11月	旧臣たちが順次、江戸へ集結する
11月末	**内蔵助、『預置候金銀請払帳』を締める**
12月14日（深夜～十五日）	
（4時過ぎ）	旧臣四十七名が本所の吉良邸へ討ち入る
（5時頃）	上野介を討ち取る
（8時過ぎ）	内匠頭の墓前に上野介の首を捧げる
元禄十六年（1703）	
2月4日	旧臣四十六名、幕府の命により切腹

翌十六年二月四日、幕府は、内蔵助らの行動を主君の仇討ちとは認めず、徒党して殺人を犯したと断罪し、切腹を命じた。

しかし、徒党しての殺人ならば、幕府の法規範では斬罪が相当である。

現代では、斬罪も切腹も、ともに同じ「死罪」に思えてしまうが、江戸時代にあっては、切腹を命じられることは、武士としての名誉を保つことになるので、この処分は、幕府が実際には内蔵助らを忠義の武士だと認めたことを示している。

こうして赤穂四十六士は、武士の鑑《かがみ》として長く語り継がれることになった。

右に挙げた史料は、膨大な史料群のうちの一部に過ぎないが、主要な史料の多くは嘉永（一八四八〜一八五四）の頃、磐城平《いわきたいら》藩士鍋田晶山《なべたしょうざん》が編纂した『赤穂義人纂書』（明治末期に増補版が刊行されている）や昭和初期に中央義士会が編纂した『赤穂義士史料』などの史料集成にまとめ上げられており、以後も関係史料の収集や新発見が現在まで続いている。近年では、赤穂市が編纂した『忠臣蔵』（第三巻）が信頼できる史料集成となっている。

江戸時代において、一つの事件についてこれほど多彩な史料が残っていることは珍しく、近代以降に入ってからも福本日南《ふくもとにちなん》による『元禄快挙録』（一九〇九年刊）を始めとして、これまでに数多くの研究書が著されているのである。

忠義だけで首は取れたか

さて、こうした中で本書では、「経済的側面」から赤穂事件を成功に導いたものが何であったのかを事件の経過とともに見ていこうと考えているのだが、浅野内匠頭の切腹から赤穂藩の取り潰しを経て、一年九ヶ月後の討ち入り実行に至るまでには、「忠義」や「武士の一分」など、武士独特の心性が大きな意味を持っていたことは言うまでもない。

しかし、江戸市中にある旗本屋敷へ、浪人が大挙して討ち入るというプロジェクトを成功させたものは何であったのか、この答えを導くためには、彼らの思想面を述べるだけでは不十分である。彼らの行動の組織的なあり方、さらにそれを支えた資金などへの視点がどうしても必要になってくる。

つまり、忠義だけでは首は取れないはずなのである。

この経済的側面に関しても、個別的な事柄は、すでにかなりのことが分かっている。例えば、藩士への年給ともいえる「知行《ちぎょう》」「切米《きりまい》」「扶持米《ふちまい》」などは、藩士それぞれへの給付額（禄高）が分かっているし、藩のお取り潰しが決まってから藩士たちに分配された、いわば退職一時金ともいえる「割賦金《わっぷきん》」の額も確認できる。また、藩の独自紙幣ともいえる「藩札《はんさつ》」の償還処理や、赤穂城の明け渡しに付随する城付き武具や城付き米の返納手続きなどがいかになされたのかも知ることが出来る。

そして、筆頭家老の大石内蔵助が、すべての藩財政の処理を終えて会計を締めたとき、その手元に残ったお金は七百両足らずだった、ということまでが分かるのである。現代の金銭価値になおすと八千数百万円ほどになるだろうか。このお金が吉良邸討ち入りのための軍資金として活用されるのである。

なぜ、こうした金額までが分かるのかと言えば、赤穂事件関係の史料のうちには、金銭面に関わる記録までが相当に残されているからである。

前出の『江赤見聞記』には、赤穂城引き渡しの時に藩士たちへ渡した割賦金の割合とその総額が記されており、藩札の償還処理については、同じく『江赤見聞記』のほか、広島藩浅野家が編纂した赤穂浅野家の家史《かし》である『浅野《あさの》赤穂《あこう》分家《ぶんけ》済美《せいび》録《ろく》』に「浅野家赤穂藩藩札処理記録」がある。

そして、「はじめに」で紹介した、討ち入り計画の決算書である『預置候金銀請《あずかりおきそうろうきんぎんうけ》払帳《はらいちょう》』（以下、『金銀請払帳』と略記）が存在するのである。この『金銀請払帳』は、前出の『赤穂義人纂書』と『忠臣蔵』（第三巻）の両者にも収録されている。

『金銀請払帳』という史料

『金銀請払帳』は、最初に四件の入金とその来歴が記され、それにつづいて百十三件の出金が、その使途内容とともに記されているというものである。

端的に言えば、ただそれだけの内容なので、文章量も多くはなく、使われている文言にも難しいものはない。しかし、その簡潔さゆえに感情や思惑が排されており、この希有な記録によって、内蔵助たちの計画がいかなる形で進んでいったかが、金銭面から客

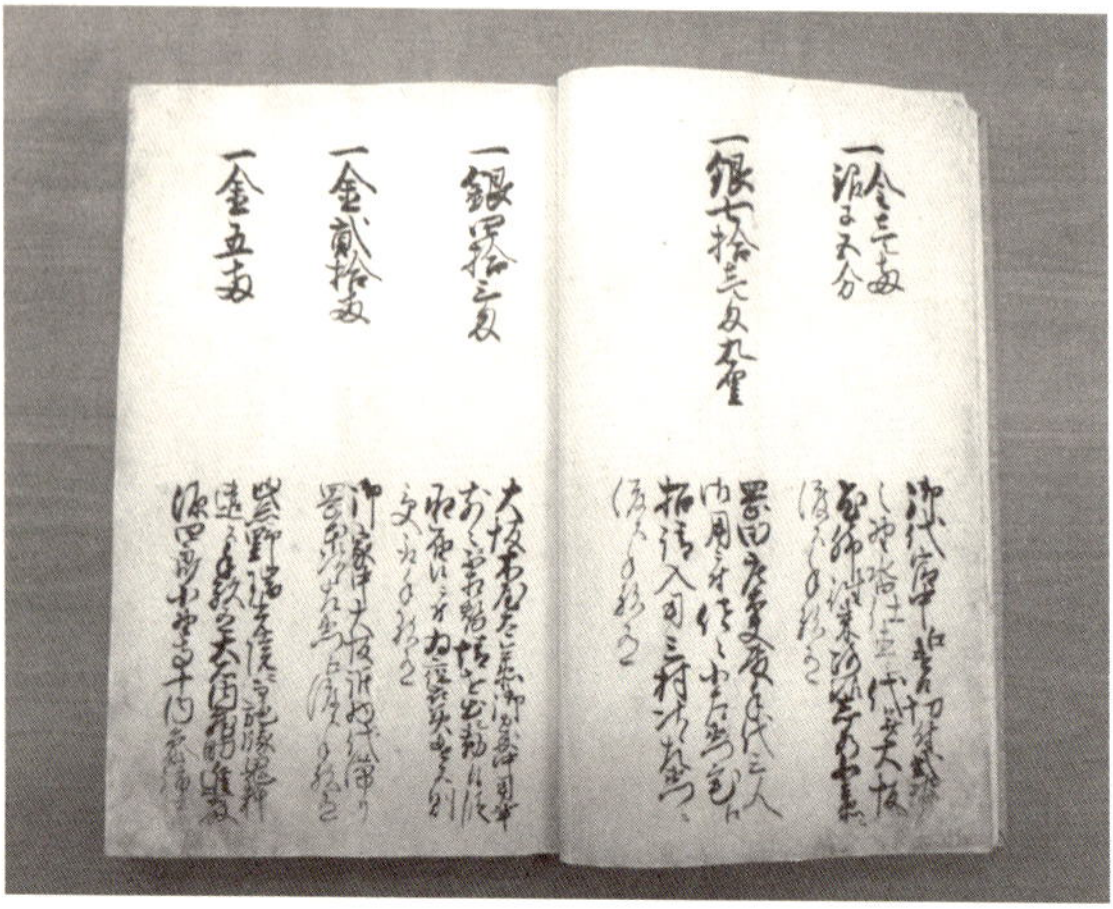

『預置候金銀請払帳』(箱根神社蔵)――右から3、4項目が左頁の⑧、⑨

観的にたどることができるのである。

　残念なのは、この史料に出金の日付の記載がないことである。基本的には出金の順に記入されていると考えられるが、四十七士の日記や書状などの他史料と比較すると、時間的に支出の時期が前後していると思われる記載も少なくない。

　また、『金銀請払帳』の使途内容記述の末尾には、そのほとんどに「受取手形有り」「手形有り」などとした注記がある。

　この「手形」は現代における領収書に等しい。お金を管理していた大石内蔵助が、費用を使った者へ出金した時期と、実際に費用が支出された時期が異なるのは、この手形を元に、ある程度まとめて記帳していたためだと思われる。出金には、内蔵助から先払いされたと見られるものもあれば、費用を使った者が立替払いし、あとで精算されたと推定されるものもある。だが、「手形」は残念ながら現存していない。

では、まず出金の記載例を二つほど紹介しておこう。

各々の行頭に付けた丸囲み数字は、『金銀請払帳』の記載順に著者が独自に振った整理番号である。本書の巻末に『金銀請払帳』の全文を載録し、この番号によって本文と対比できるようにしてあるので参考にされたい。なお、本文中に引用した原文には、送り仮名、句読点、ルビを適宜に補い読みやすくしてある。

⑧　一《ひとつ》、銀四拾三匁《ぎんしじゅうさんもんめ》

大坂木屋太兵衛、御《ご》家中用事《かちゅうようじ》前々《まえまえ》に相替《あいかわ》らず情（精）を出し勤め候段《そうろうだん》、承《うけたまわ》り届け候に付き、褒美《ほうび》のため遣《つか》わす。則《すなわ》ち受取手形有り。

⑨　一、金弐拾両《きんにじゅうりょう》

御家中大坂調《ととのえ》物代《ものだい》滞《とどこお》り、岡本次郎左衛門へ渡す。手形有り。

⑧の銀四十三匁は、大坂の商人木屋太兵衛が、赤穂藩の断絶後も旧藩士の用事に精《せい》を出して勤めたということで、太兵衛へ褒美として与えたものである。

⑨の金二十両は、旧藩士の大坂での買物のつけが支払われずに滞っていたため、大坂蔵屋敷留守居役（蔵屋敷の責任者）だった岡本次郎左衛門に支払わせたものである。

この二つの出金項目からは、藩が無くなったとはいえ、また相手が町人とはいえ、藩に尽くした者への礼を失したり、つけを残したままだったりすれば、旧藩士全体の恥になるという意識が内蔵助たちにあったことがわかる。

このように、ごく短い記述であるにもかかわらず、『金銀請払帳』からは、客観的、具体的に武士の心性が読み取れるのである。

貨幣制度と金・銀・銭の換算比率

右の出金項目に、「銀」と「金」が出てきたので、その換算比率やそれぞれが現代の感覚でいくらぐらいの価値になるのかを示しておきたい。

「関東は金遣《きんづか》い」、「関西は銀遣い」と言われるように、江戸時代を通じて、おおむね東西で通用する貨幣の種類が違っていたが、両者は両替商などによって交換することができた。

この頃の金貨は、小判（一両《りょう》）、一分《ぶ》金、一朱《しゅ》金の三種類で、貨幣価値が額面で保証された「計数貨幣」だった。両、分、朱の単位比率は、一両＝四分＝十六朱である。小判がだ円形をしているのに対し、それ以下の金貨は長方形をしていた。

一方の銀貨は、重さを計って通用する「秤量《しょうりょう》貨幣」で、丁銀《ちょうぎん》（ナマコ形の銀塊）が三十五匁《もんめ》から五十匁、豆板銀《まめいた》（小粒《こつぶ》銀、小玉《こだま》銀とも言う）が一匁から十匁と重さが不定だが、丁銀、豆板銀には、「銀座《ぎんざ》」の責任者が品質を保証する「極印《ごくいん》」が打たれていた。一匁は、約三・七五グラムであるが、匁の端数は「分《ぶ》」「厘《りん》」といった単位で、十分の一、百分の一をあらわす。

丁銀は豆板銀を加えて「五百目包《つつみ》」などとし、紙に包まれた形で通用していたので、実際に計って使われたのは豆板銀だけだった。「五百目」とは、五百匁に同じことである。百単位の切りのいい数字の時、「匁」は「目」と書かれるのが慣行で、これも「もんめ」と読む。また、儀礼用の銀は「枚《まい》」で数え、一枚は四十三匁である。前出の⑧の出金も、じつは儀礼に従い、「銀一枚」を贈ったのだとわかる。

金貨と銀貨の換算率は日々変動していたが、『金銀請払帳』の末尾には、「壱両五拾六匁替」としたことが記されている。元禄十五年頃の交換レートは、他史料をみても、およそ金一両が銀五十五、六匁ほどだったといえる。

銅貨である「銭《ぜに》」は、寛永通宝一枚が一文の「計数貨幣」である。銀との換算率は、『金銀請払帳』では「壱貫文拾五匁替《いっかんもん》」とされている。一貫文とは千文のことだが、実際には銭九十六文を銭差《ぜにさし》（銭の穴に通す麻ひもなどのこと）に通したものが百文として通用していて、これを「省百《せいびゃく》」と呼ぶ。つまり銭九百六十文＝銀十五匁である。

『金銀請払帳』に記されている出金項目には、旅費や家賃、食事代など「銭」で支払う低額の日常費用も多いので、蕎麦《そば》の値段を基準とする「蕎麦指数」で銭の価値感覚を現代のそれに換算してみたい。

蕎麦一杯の値段は、江戸時代を通じて十六文ほどであるので、現在の値段を四百八十円と見ると、一文は三十円くらいの価値になる。銭一貫文＝銀十五匁で換算すると、銀一匁が千九百二十円である。そして、金一両（＝銀五十六匁）は、十万七千五百二十円となる。

小判は高額貨幣なので、計算を簡単にするため、また他の物価も勘案して本書では「金一両＝十二万円」として計算することにする。金一両が十二万円なら、金一分は一両の四分の一なので三万円となる。これを基準にして金の価格から銀の価値を逆算すると銀一匁が二千百四十円になる。従って銀一匁は二千円ほどだと考えればよい。

これをさきほどの事例にあてはめると、木屋太兵衛への褒美は九万円ほど、藩士のつけは二百四十万円ほどだった、ということになる。おおむね現代の感覚に近い換算率だと思われる。

次に、こうした金銭価値を米価にもあてはめて、当時の物価感覚も養っておきたい。

元禄八年（一六九五）、幕府は貨幣改鋳《かへいかいちゅう》を行い、金貨の品質を落としていた。そのため、元禄八年に百俵で二十八両だった米が、同十年には四十二両にまで高騰している。元禄期には典型的な貨幣インフレが起きていたのである。

江戸時代の米一俵は、米四斗《と》入りで、重さにして約六十キログラムだから、百俵だと約六千キログラムとなり、価格は四十二両×十二万円で計五百四万円である。現在、スーパーでよく売られている五キログラム入りの米袋で換算すると、一袋は四千二百円となる。かなり高額な印象だが、高騰していた米は、まさしくそうした感覚の下にあっただろうと思われる。

ただし、注意しなければならないのは、物価の高さに比べて、当時の下層の奉公人などの給金がもともと安価だったことである。また、食料品に比べれば、他の物価はさほど上昇しておらず、価格変動には差があった。本書ではさほど関係してこないが、この点は指摘しておきたい。

再度整理すると、本書では金、銀、銭の換算率を「金一両＝銀五十六匁」、「銭一貫＝銀十五匁」とし、現代の価値に換算するときは、「金一両＝十二万円」「銀一匁＝二千円」「銭一文＝三十円」で計算することとする。

では、本章で概説した赤穂事件の経過や江戸の貨幣制度を念頭に、次章以下を読み進められたい。

第一章　お取り潰しの清算処理

1　藩札の償還と財産の処分

外様中藩の財政規模

赤穂藩浅野家は、現在の兵庫県赤穂市周辺で五万石を領していた。

「藩」とは、一万石以上の将軍の直臣である大名が治める領地と政治組織をいう概念だが、じつは、当の江戸時代においては「藩」という用語はほとんど使われず、通常は、赤穂藩士ならば「浅野内匠頭家中《かちゅう》」というように表現されている。

全国に藩は二百七十ほどあったが、十万石以上を領する大藩は全体の約一割しかない。大多数は三万石以下の小藩であり、五万石の赤穂藩は「外様中藩《とざまちゅうはん》」と位置付けられるだろう。

赤穂藩の平年の財政規模については、討ち入りに参加した大石瀬左衛門《おおいしせざえもん》の従兄で津軽藩士だった者の家（弘前大石家）に伝わった元禄六年の『浅野家分限帳《ぶげんちょう》』から推定することができる。「分限帳」とは、一種の職員録的なものだが、『浅野家分限帳』には、家臣それぞれの禄高と末尾にその総計が書かれているので、ここから逆算するのである。

ちなみに、瀬左衛門は遠縁ではあるが内蔵助とは同族で、内蔵助の曾祖父と瀬左衛門の祖父が兄弟という関係にある。

では、その総計した数字を紹介しよう。

知行切米
　米一万五千九百六十六石五斗八合 ……………A
　金五百十七両三分 ……………B
　米にて六百九十石三斗三升五合 ……………B′
扶持方
　七百人扶持 ……………C
　米にて千百七十九石九斗九升 ……………C′

物成《ものなり》
米一万七千八百三十六石八斗三升一合………D
高《たか》にて四万四千五百九十二石三升八合七勺………D´

藩士の給料は、藩庫から米で渡されたものがA、金で渡されたものがB（米換算したものがB´）、藩士が家来を雇うための手当分である扶持方がC（米換算したものがC´）で、これを米換算したものを総計して、Dの「物成」（年貢のこと）一万七千八百三十六石余となる。これをいわゆる「四公六民《しこうろくみん》」（収穫高の四割を年貢として徴収すること）にあてはめれば、石高に換算すると、D´の四万四千五百九十二石余となる。

赤穂藩の石高は五万石だから、藩士給与分との差である高五千四百八石から徴収する年貢分が、藩の「蔵入地《くらいりち》」収入となる。これが純粋な藩当局の収入で、藩主の生活費や藩庁の行政費用、参勤交代や江戸藩邸の費用などにあてられる。つまり、翻っていえば藩の総収入のうち九割近くが藩士への給料にあてられた、ということである。

この蔵入地の年貢率をさきほどと同じく四公六民とすれば、五千四百八石の領分から得られる年貢収入は、二千百六十三石となる。米の価値は、「金一両＝米一石三斗」くらいなので、これは金にして千六百六十三両ほど、現代の価値にして約二億円である。

ただし、これでは藩当局の収入としては少なすぎる。じつは、赤穂藩の領地の「実高《じつだか》」は、五万石よりもかなり多かったと推測される。それは、内匠頭長矩の父長友《ながとも》が弟の長恒《ながつね》に「私墾田《しこんでん》」（新田開発分）三千石を与え、内匠頭も弟大学に私墾田三千石を与えて、それぞれ別家させていることでもわかる（43頁、系図参照）。「私墾田」は純粋な増収分だから、藩の表向きの石高を減らして大名としての家格を下げることなく、「分知《ぶんち》」（領地を分けること）できたのである。

しかも、赤穂藩には良質な塩田があり、そこからの「運上銀《うんじょうぎん》」（税金の一種）もあった。同時代史料でも赤穂藩はかなり裕福な財政状態だったとされるので、実際にはおそらくその数倍の収入が藩当局にはあったと思われる。

ちなみに、正確な数字が分かる藩士への給与分を金で換算すると、総計一万三千七百二十両になり、前章で定義した一両十二万円の換算率で直すと、現代での価値は約十六億五千万円となる。これに蔵入地の実収や塩田の運上銀を加えれば、人件費を含めた赤穂藩の年間の財政規模は、現代で言えば二十数億円ほどだったと推測されるのである。

城明け渡しの決定

刃傷事件翌日の三月十五日、幕府は、旗本の荒木《あらき》十左衛門《じゅうざえもん》政羽《まさは》を、翌十六日に榊原采《さかきばらうね》女《め》政殊《まさよし》を赤穂城受け取りの上使《じょうし》（将軍の使者）に任命し、赤穂藩の近隣大名である播州《ばんしゅう》龍野《たつの》藩五万三千石の脇坂淡路守安照《わきさかあわじのかみやすてる》と備中足守《びっちゅうあしもり》藩二万三千石の木下肥後守㒶定《きのしたひごのかみきんさだ》に城受け取りのための軍勢を出すように命じた。

つまり、赤穂藩取り潰しの手続きが、早々に進められたのである。

さらに幕府は、翌十六日に赤穂浅野家の本家筋にあたる芸州広島藩四十二万六千石の浅野綱長《つななが》へ、「御自分《ごじぶん》からも使者などを遣わして、城を滞りなく渡すように命じよ」、「戸田采女正氏定《とだうねめのかみうじさだ》とも相談するように」と指示した。譜代大名で美濃大垣藩十万石の戸田氏定と内匠頭は、母親同士が姉妹で従兄弟の間柄にある。このため、綱長、氏定の両者は、赤穂藩国家老の大石内蔵助へその旨を伝える書状を送った。

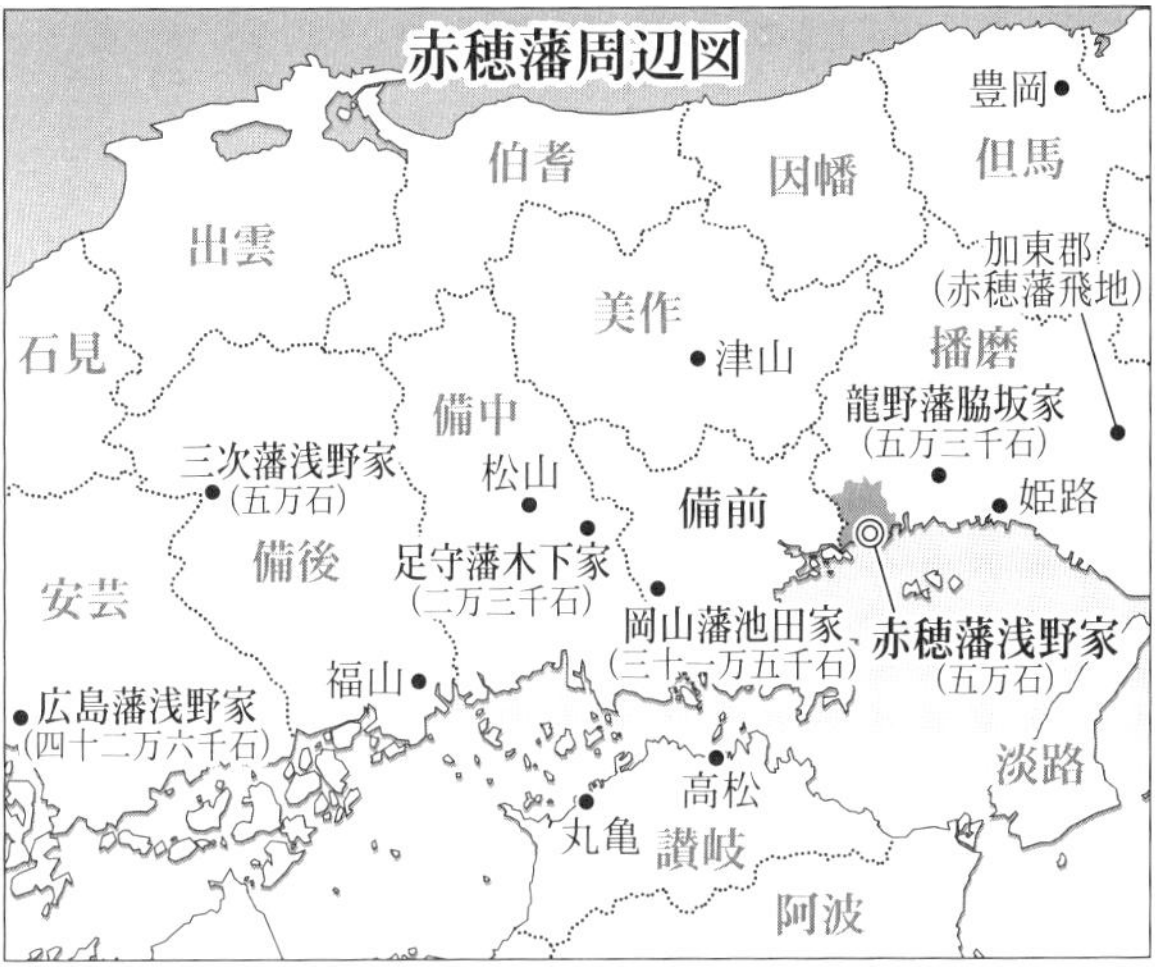

一方、国元の赤穂へは、事件当日の十四日、即座に刃傷事件の発生を伝える早籠《はやかご》が、築地鉄炮洲の赤穂藩上屋敷から出されていた。

使者となったのは、馬廻《うままわり》（軍事役の中級家臣）百五十石の早水《はやみ》藤左衛門《とうざえもん》と中小姓《ちゅうごしょう》（下級家臣身分の一つ）十二両二分三人扶持の萱野《かやの》三平《さんぺい》で、十四日未の下刻（午後二時頃）に江戸を出発した。江戸と赤穂の距離は百五十五里、約六百二十キロメートルである。通常ならば天候などに恵まれても一週間以上の行程だが、昼夜を分かたず駈け通しだったため、十九日寅の刻（午前四時頃）には赤穂に到着した。わずか四日と十四時間という強行軍だった。

最初の使者に次いで、十四日の夜更けには内匠頭切腹と浅野家お取り潰しを知らせる第二便の早籠が江戸を出発した。使者は、物頭《ものがしら》（徒士《かち》、足軽《あしがる》を統率する要職）三百石の原《はら》惣右衛門《そうえもん》と馬廻百五十石の大石瀬左衛門の二人である。この第二便も、十九日戌の下刻（午後八時頃）には赤穂へ到着した。

とりあえず事件を知らせた第一便は馬廻と中小姓だが、第二便は藩主の切腹を知らせるなど重要事項があるので、物頭と馬廻が遣わされているのである。

この知らせを受けて、赤穂城では開城するか籠城するかで、連日、議論が続けられた。序章でも触れたように、藩士の多くが問題としたのは、刃傷沙汰の原因や、その当否ではなく、主君の仇である吉良上野介の生死である。だが、上野介の状態が赤穂には伝わらず、たしかに上野介が生きていると内蔵助たちが知ったのは、三月下旬になってからだった。

当時の武士のあり方として、原因の如何を問わず、主君と上野介の「喧嘩」があった以上、主君が切腹しているのに対し、上野介が生きたままでは、素直に城を渡すことは

浅野家・大石家系図

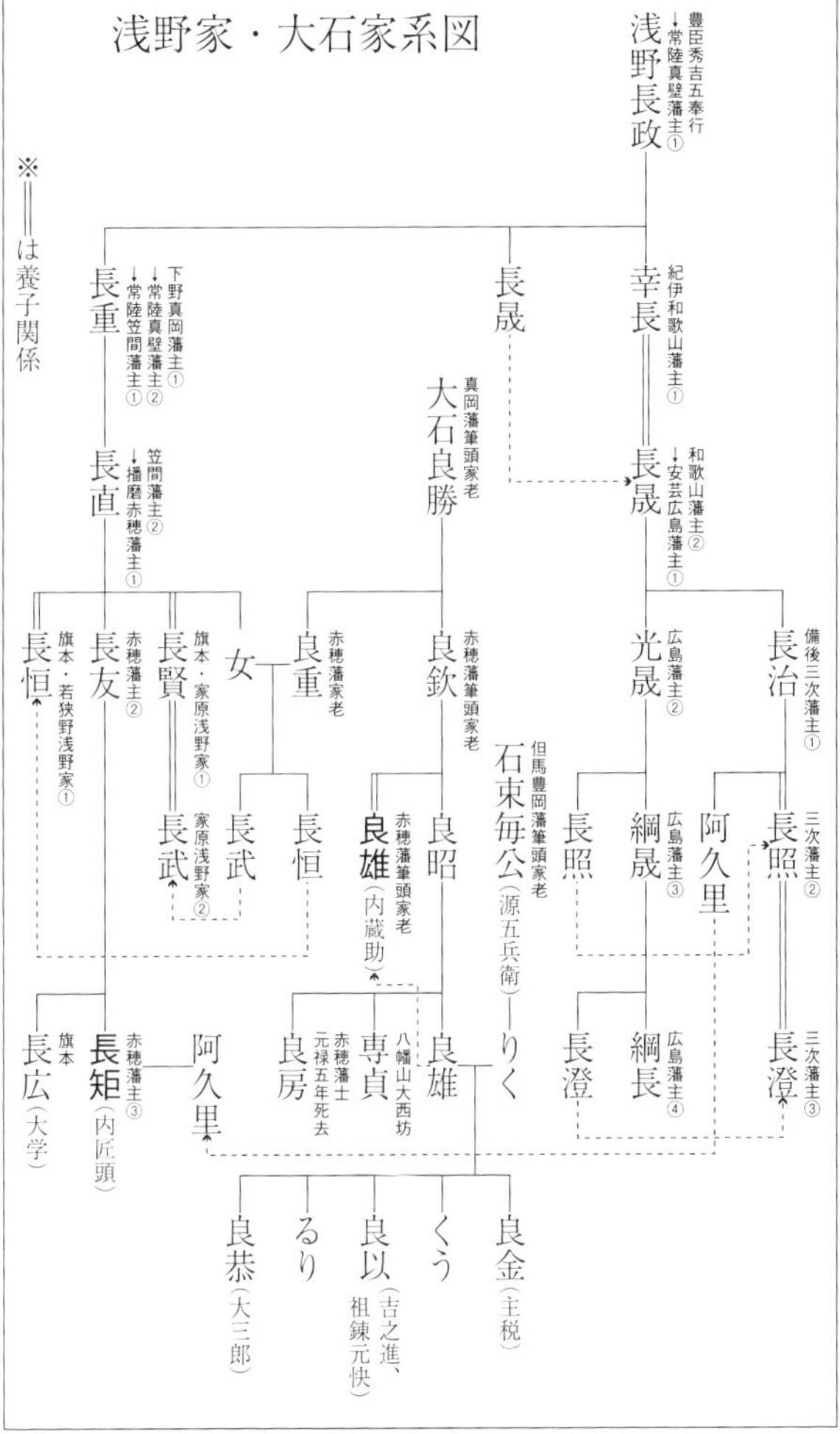
浅野長政
豊臣秀吉五奉行→常陸真壁藩主①
※＝は養子関係
長重
下野真岡藩主①→常陸真壁藩主②→常陸笠間藩主①
長晟
幸長
紀伊和歌山藩主①
大石良勝
真岡藩筆頭家老
長晟
和歌山藩主②→安芸広島藩主①
長直
笠間藩主②→播磨赤穂藩主①
長恒
旗本・若狭野浅野家①
長友
赤穂藩主②
長賢
旗本・家原浅野家①
女
良重
赤穂藩家老
良欽
赤穂藩筆頭家老
光晟
広島藩主②
長治
備後三次藩主①
石束毎公
但馬豊岡藩筆頭家老
（源五兵衛）
長武
家原浅野家②
長武
長恒
良雄
赤穂藩筆頭家老
（内蔵助）
良昭
長照
綱晟
広島藩主③
阿久里
長照
三次藩主②
長広
旗本
（大学）
長矩
赤穂藩主③
（内匠頭）
阿久里
良房
専貞
赤穂藩士
元禄五年死去
八幡山大西坊
良雄
りく
長澄
綱長
広島藩主④
長澄
三次藩主③
良恭
（大三郎）
るり
良以
（吉之進、祖錬元快）
くう
良金
（主税）

できない、というのが多くの藩士の率直な気持ちであった。そのため、幕府に対して抗議の意を表するために、籠城して切腹すべきであるという意見が強かった。しかし、次席家老の大野九郎兵衛《おおのくろうびょうえ》の反対もあって、なかなか衆議を決することが出来なかった。

そこで、原惣右衛門が、「とかく同心されない方は、この座を立っていただきたい」と言ったところ、大野を始めとして十人ばかりの者が席を立って退出した。

筆頭家老の大石内蔵助は、同志と見えた番頭《ばんがしら》（馬廻を統率する上級家臣）の奥野将監《おくのしょうげん》、物頭の進藤源四郎《しんどうげんしろう》、小山源五左衛門《こやまげんござえもん》、河村伝兵衛《かわむらでんびょうえ》、原惣右衛門らと次のように結論を出した。

「赤穂の御城は、古内匠頭《こたくみのかみ》（長矩の祖父長直《ながなお》のこと）がお建《た》てになったもので、そのうえ上野介が生きているとあっては、赤穂を離散するのも残念なことである。しかし、籠城などと言えば、公儀に対して畏れ多いので、上使の方々から検使を遣わしてもらい、御城の大手で切腹するよりほかはないのではないか」

つまり、切腹のときに思うところを申し上げれば、幕府も上野介の処分を考えてくれるのではないか、という思いである。この方針に従う者六十名ほどは、内蔵助に「神《しん》文《もん》」（起請文《きしょうもん》）を提出した。

しかし、この切腹という決定は立ち消えになり、四月十九日、滞りなく幕府から派遣された上使（受城使）に城を引き渡している。

藩札と岡山藩「忍頭」の報告

さて、赤穂藩お取り潰しが知らされてから城を明け渡すまでの浅野家家臣たちの動きは、藩がお取り潰しになるとどのような対応が必要になるかを知らせてくれる好事例である。

一般に、藩がお取り潰しになると、領地と城、そして江戸屋敷を幕府に返上することになる。しかし、それ以外のものは藩、つまり各大名家やその家中の独自財産と見なされるため、史料が残る機会も少なく、それがどのように処分されるものなのかは、あまり知られていない。しかし、赤穂藩の場合は、これに関連する史料が複数残っており、ある程度明らかにすることができるのである。

赤穂藩の場合、まず財政上の大問題となったのは、「藩札《はんさつ》」の処理である。藩が発行する紙幣である藩札は、本来は領内に限って通用が認められているものだが、藩財政が潤沢な赤穂藩の場合は信用があり、贋札《にせさつ》なども少ないと見られていたためか、領内だけでなく周辺の藩にも流通していた。しかし、これは実質的には藩の負債であるから、藩が消滅する前に償還する必要があった。

『浅野《あさの》赤穂《あこう》分家《ぶんけ》済美《せいび》録《ろく》』は、広島藩浅野家で編纂した赤穂藩浅野家の家史《かし》であるが、このなかに、赤穂藩の藩札処理についての記録が残されている（赤穂市編『忠臣蔵』第三巻に、その抜粋が「浅野家赤穂藩藩札処理記録」として収録されている）。

これによると、赤穂藩が領内に発行した藩札の総額は、銀九百貫目（＝銀九十万匁）。現在の金額にすれば十八億円で、藩の年間予算に匹敵する発行規模だった。

赤穂藩の藩札は「銀札《ぎんさつ》」で、所持者から請求があったときには、すぐ現物の銀に交換しなければならない兌換紙幣《だかんしへい》である。赤穂藩には「札座《さつざ》」という役所があり、藩札と現《げん》銀《ぎん》の交換に応じていた。

そのため、赤穂藩のお取り潰しが江戸から伝わると、藩札を持っていた商人たちは、藩札がただの紙切れになるのではないかと考え、早くも三月十九日には札座へ殺到してきていた。藩に財産が残っていなければ、払おうにも払うことができず、また藩が消滅すれば責任を持つ者もいなくなるのだから、その危機感は当然だった。

しかし、赤穂藩では「替《かわ》り銀《ぎん》」と呼ぶ藩札兌換のための準備銀を銀七百貫目用意していた。また、不足分も塩浜（塩田）の運上銀二百貫目を予定しており、あわせて発行額に等しい九百貫目が準備されているはずだった。

だが、運上銀は「御拠所《およんどころ》なき御《お》入用《いりよう》」のため、すでに大坂での借銀の担保になっており、藩で徴収するわけにはいかなくなっていた。したがって、藩札を額面通りで換銀するためには二百貫目の不足が出る。現代の金銭価値に直せば、四億円という多額の欠損である。

この手当てのため、翌二十日夜には、番頭の外村源左衛門《とむらげんざえもん》が赤穂を出船して広島藩へ行き、「札座両替銀子《ぎんす》不足に付き銀二百貫目、御家中《ごかちゅうふ》不勝手引払料難儀《かってひきはらいりょうなんぎ》に付き百貫目、都合《つごう》三百貫目」の借金の申し入れを行っている。

外村は、「これが内匠頭の御無心《ごむしん》初めであり、仰せ納めと申すものです」と告げている。最初で最後の借金であり、本家として分家の危機をなんとか助けてほしいという切実な願いだった。ところが、広島藩の家老は、「江戸にいる藩主に伺ってからでないと返答はできない」と答えた。しかし、その返事を待つ時間的余裕があるはずもない。つまり体のいい謝絶である。

一方、瑤泉院の実家である三次藩は、赤穂藩からの借金の願いに対し、「委細《いさい》聞き届けた。御領分で騒動に及ばないよう申し付けるのが肝要である」と返答している。

また、領地を接する隣藩の岡山藩池田家は、「領内に通用している赤穂の藩札は一枚もない」としていた。実際には岡山藩にも流入していたのだが、自領で他藩の藩札が通用しているとは言えなかったのだろう。岡山藩では、持ち込まれた赤穂の藩札を自藩で換銀し、回収した藩札は残らず焼き捨てたという。

じつは、岡山藩では忍びの者を派遣して赤穂領内の状況を探っていた。こんなことが分かるのは、忍頭《しのびがしら》からの詳しい報告書が「池田家文庫」（岡山大学所蔵）に残されているからである。

その忍頭の報告によれば、「赤穂の城下町は、藩札を持つ債権者が藩内だけでなく藩外からも大勢集まり、たいへんな騒ぎ」だった。

赤穂藩では、まず他領の者から交換に応じると告げたが、「四歩六歩《しぶろくぶ》（六割替え）では四割の損失になる」ということで喧嘩同然の騒ぎとなったのである。札座には岡山藩の領民で赤穂の藩札を持っている者も駆け付けていたようだという。

四月二日付の報告では、「藩札は六歩替えで行い、回収した藩札は赤穂城内で燃やした」とされている。この頃にようやく処理が終わったのであろう。

現代でも、企業が倒産すれば債権者が即座に押し寄せるが、倒産会社に十分な資金があるわけもなく、借金を一定の比率に減額して残った資産から弁済するのが通例である。元禄時代の赤穂藩も同様の解決を図るほかなく、最終的に藩札はその額面の六割と交換することで決着を見たということになる。

忍頭の報告には、「札《さつ》の高《たか》都合三千貫目ほど之由《よし》」と書かれている部分があるのだが、これは注目すべき点である。銀で三千貫目という額の当否はともかく、札座が把握していた九百貫目よりも、はるかに多額の藩札が流通していたことが窺《うかが》われるのである。おそらくは、札座役人の不正や、札が良く出来ていると言われながらも、結局は贋札などがあったのだろう。

藩と藩士たちの財産売却

赤穂藩では、幕府に返上する必要のある物以外は、その財産を売却することにした。まず売却されたのは、十七艘《そう》あった船である。これは銀十七貫で落札された。一艘につき銀一貫である。細かな査定なしの、現代で言うところの「バルク売り」で、一艘を二百万円で売却したことになる。

ただし、「御《お》銀《ぎん》船《せん》」と称された楠《くすのき》造りの八十石積みの船は、まだ建造から三年しかたっていないこともあり、別途、銀二貫四、五百匁ほどで売られたという。これが四月二日のことで、同四日には、藩の作事方の材木が、入札で売り払われている。

次いで、城の御納戸にある道具や御台所道具が、城外の蔵屋敷に運び出され、売却された。さらに、城の大手の矢倉にあった品々や足軽具足五百領なども、入札で売却されている。このようにして、藩の財産は、次々に売却されていったのである。

四月十三日分の赤穂藩の「払物《はらいもの》」については、「赤穂御城より御払物町方へ出申書付写」というやはり岡山藩の忍の報告が残っている。

これによると、金頭具足五十領、小姓具足二十三領などを初めとする、具足、馬具、弓、鎗などで合わせて六十七口が、銀十五貫目で落札されている。金に換算すると、二百六十七両になる。落札したのは、たちや庄兵衛という大坂の商人だった。城にあった百五十挺の鉄炮と七挺の大筒も、たちや庄兵衛に入札なしで売却されているが、残念ながらこの値段はわかっていない。

また、足軽たちが藩から預かっていた鉄炮は、そのまま足軽たちに下賜された。これは、町方に売り払う者もあり、また城下から在所《ざいしょ》へ持っていく者もあった。

鉄炮は「城付きの武具」と考えられ、本来は幕府に引き渡されるものだが、城付きの分の鉄炮は別にあったので、その余のものは払い下げ、また足軽に預けていた分もそのほかの扱いとしたのである。鉄炮の規制が、あまり厳しいものではなかったことがわかる。

財産の売却を行ったのは藩だけではない。藩士たちもそれぞれに家財の整理をはじめた。藩士たちは、まず屋敷の畳や建具《たてぐ》などを商人に売り払った。

屋敷は藩主から与えられたものなので返却しなければならないが、畳や建具はそれぞれの財産だという意識からである。もっとも、その様子を知った城受け取りの上使からは、畳や建具はそのままにしておくようにと指示されている。

次いで、藩士たちは武具や馬具などを売却していった。家中には、騎馬の侍で馬を飼っている者が三十三人おり、その持ち馬のうちの二十六匹は、四月八日までに売却されて、残りの馬もだんだんと契約がまとまっていったという。本来は、戦になれば騎乗で闘うべき格式の藩士がもっといたが、馬を飼うには相当の費用がかかるため、実際に馬を飼っていた者は意外に少なかったのである。

四月十九日の開城に先立ち、藩士の大半は、同月十五日までには屋敷をすべて明け渡し、赤穂城下から立ち退いていった。

大石内蔵助の家族も、城下近在の尾崎村へと立ち退いたが、内蔵助自身は、城下にある浅野家祈願所《きがんじょ》の遠林寺《えんりんじ》に居を据えた。また、そこを「御用会所《ごようかいしょ》」として、城引き渡しの事務を執る用人たちもここに寄り合った。

赤穂藩が、城明け渡しに付随して返納した城付き武具は、長柄鎗《ながえやり》五十本、鉄炮五十挺を初めとして十五口ある。そのほか、浅野家の前に赤穂を治めていた池田輝興《いけだてるおき》から引き継いでいた長柄鎗百本と鉄炮百九挺も引き渡された。

前に見たとおり、赤穂藩には引き渡した分を大幅に上回る武器と具足があったが、その分は売却したり、下げ渡したりしたのである。

城付きの兵糧米は、四斗俵《よんとだわら》で三千三十六俵が引き渡された。石《こく》に直すと一千二百十四石四斗である。当初、赤穂藩ではこれを売却するつもりだったが、ここでも上使からよくないことだと通達があり、城に残したのである。

幕府の上使へ引き渡された城付き武具は、幕府から次の藩主に引き渡されることになる。また、兵糧米も本来は同様だが、これは慣例として城受け取りを担当した大名への手当として支給されるのが一般的だったようだ。新しい領主が決まれば、そちらへは幕府の蔵から改めて城付き米が支給されることになるのである。

2　藩士の身分と退職手当

藩主個人との距離

藩制度においては、本来的には、領地や家臣を含めて藩領内にあるものすべてが各大名家の財産であると言える。

だが、すでに幕府が開かれてから百年ほどがたち、領地替えにより先祖伝来の地から離れた大名が大半となった元禄当時の観念としては、領地は「将軍から預けられたもの」で、それを大名が治めるのだと考えられるようになっていた。そうした観念があったからこそ、幕府が浅野内匠頭を切腹させたあと、その領地は没収され、結果として赤穂藩浅野家が断絶することになったのである。

しかし、「藩士」は藩主と直接主従の関係を結んだ家臣で、将軍や幕府から預けられたものではない。したがって、赤穂藩士は主家の取り潰しによって浪人することになる。赤穂藩では、多くの藩士が浅野家に代々仕える武士であったが、内匠頭長矩の代になってから新たに召し抱えられた藩士も少なからずいた。

四十七士を率いた大石内蔵助良雄は、赤穂藩の筆頭家老を代々つとめる家に生まれた。43頁の系図でも分かるように、大石家は藩主の浅野家とも縁戚関係にあり、内蔵助の大叔父大石良重が初代藩主浅野長直の娘を娶《めと》っていて、良重の長子である長恒《ながつね》は長直の養子となり、若狭野《わかさの》浅野家として分家して旗本に列した。同じく良重の次男長武《ながたけ》も赤穂藩の分家旗本である家原《いえはら》浅野家の養子となっている。

このため、内蔵助は主君である内匠頭長矩個人よりは、浅野家そのものに仕えるという意識がより強かったはずである。内蔵助がまず御家再興をめざし、討ち入りを決心した後も、長矩の舎弟である大学長広の処罰につながらないように細心の注意を払ったのは、そのためだろう。

一方、江戸急進派の筆頭である堀部安兵衛は、代々浅野家に仕える堀部弥兵衛《やひょうえ》の家を継いではいるが、事件のわずか七年前（元禄七年）に婿養子として堀部家へ入った者である。そのため、自分は内匠頭長矩の家臣である、という個人的な主従関係をより強く意識している。それは、次のような内蔵助へ宛てた書状の一節にもよく表れている。
「大学様は、すでに分地を与えられ別家を立てられたのですから、御連枝《ごれんし》の関係です。私も皆さまも、御亡君様だけを主君と仰いでおります。家来の身として、御亡君へ忠を尽くすことが本意と存じております。亡君は天下にも代えられない命と祖父以来続いてきた御家を捨てられ、御鬱憤《ごうっぷん》を晴らそうとしたのですから、家来の身として、主君の敵を見逭《みのが》し、分家の大学様を大切というのは、ひとえに大学様を口実に命をかばっているように聞こえないでしょうか」（『堀部武庸筆記』）
　安兵衛は、家臣たる自分が忠を果すのはあくまで主君である内匠頭だけで、大学は主君の連枝（兄弟）で分家の当主に過ぎないと主張しているのである。ただし、安兵衛がここで「忠」を前面に出しているのは、内蔵助を説得するための方便で、真意は、江戸屋敷を引払って赤穂へ下った時に、内蔵助に詰め寄った次のようなものだった。
「上野介殿が存生なので、主人の敵を見ながら、どこへ顔を向けることもできません。

家中の一分が立つように仰せ付けられないうちは、この城を渡してはどこにも行くところがありません。家中に人がいないと評判されます。そうなれば、後代までの恥です」（同前）

安兵衛は、あくまで「武士の一分」を立てるため、吉良上野介を殺さなければならないと思っていた。主君の仇を取らないで生きてゆくなど、武士には出来ないという考えである。少なくとも安兵衛は、代々続く家をあまり意識していない。それが、筆頭家老大石家の当主として、主家の浅野家を支えてきた内蔵助との大きな違いだった。

上級藩士――家老・番頭クラス

ここで、藩における藩士それぞれの立場を、その身分、役職や石高などから整理して見ていきたい。江戸時代において、役職名や藩政機構などは、藩＝各家中により多少の違いはあるが、その身分構成は基本的には同じような形をとっていて、藩士の身分は、大まかにいって上級、中級、下級の三層に分かれていたと言える。

まず、行政機構としての藩の責任者が「家老」である。家老には、代々家老を務める家の出身者と、個人の能力によって取り立てられた者がいて、それらを合わせて、おおむね数人が家老を務める。

赤穂藩では家老に四人が置かれ、大石内蔵助の千五百石が別格で、次席家老として大野九郎兵衛がいた。大野は、内匠頭長矩が幼い頃から浅野家に仕え始めた者で、家老に取り立てられて藩政を主導していた。知行高は、六百五十石である。そして、江戸家老として、安井彦右衛門《やすいひこえもん》と藤井又左衛門《ふじいまたざえもん》がいた。知行高は、それぞれ六百五十石と八百石である。

次に、軍事上の要となる「番頭」を務める上級家臣がいる。多くは家柄によるもので、中には家老に昇進する者もいる。番頭のうち、奥野将監と岡林杢之助《おかばやしもくのすけ》がそれぞれ千石で、ほかは四百石ほどである。

また「組外《くみはづれ》」として千石の近藤源八《こんどうげんぱち》、八百石の坂田左近右衛門《さかたさこんえもん》がいる。これは、番頭などの役職は務めていないが、家格が高いがゆえに中級藩士の役目である馬廻などには配属されない者たちである。おそらく、奥野、岡林、近藤、坂田などの家が本来の上級藩士の家柄で、ほかは年功や個人の能力などによって中級藩士の上層から番頭に取り立てられたものだろう。

この家老、番頭クラスまでが、上級藩士である。赤穂藩では、家老が江戸と国元合わせて四人、番頭が五人、組外が二人、計十一人の上級家臣がいたことになる。

中級藩士――物頭・馬廻クラス

足軽を統率する役目の「物頭」以下、戦になれば騎馬で戦う「馬廻」までが、中級藩士である。彼らは、百石以上の知行を取っている。

知行というのは、本来は主君から与えられた領地を治めて、年貢を徴収する権利を言う。「知行取り」（「給人《きゅうにん》」とも言う）であることが、中級以上の藩士である証でもあった。

だが、元禄のころになるとそれは名目だけとなり、身分上は給人でも、ほとんどの者が実際には藩庫から年貢相当の米を与えられるようになっていた。

しかし、馬廻以上の武士は、武士身分として非常に尊重された。そして、能力によっては、藩の実務において指導的な位置にある用人（藩政の事務責任者）、大目付（藩士の監察役）、町奉行（城下町の行政責任者）、郡代（領内の農村の行政責任者）、江戸留守居役（幕府や他藩との渉外担当者)、そして物頭などの要職に任じられた。

　赤穂藩では、用人が五人、大目付が三人、物頭が八人いた。このうち、とくに物頭が藩士に対して指導的な役割を果たしている。知行高は、進藤源四郎《しんどうげんしろう》と河村伝兵衛《かわむらでんびょうえ》がそれぞれ四百石、原惣右衛門《はらそうえもん》、小山源五左衛門《こやまげんござえもん》ら四名が三百石、吉田忠左衛門《よしだちゅうざえもん》と佐々小左衛《ささこざえ》門《もん》が二百石で、吉田には役料五十石が加えられて二百五十石である。

　藩主側近の寵臣《ちょうしん》である側用人、用人は、片岡源五右衛門《かたおかげんごえもん》の三百五十石を筆頭に、田中《たなか》清兵衛《せいびょうえ》、奥村忠右衛門《おくむらちゅうえもん》、植村与五左衛門《うえむらよござえもん》の三人が三百石、粕谷勘左衛門《かすやかんざえもん》が二百五十石と役料二十石である。

　藩士の監察にあたる大目付は、間瀬久太夫《ませきゅうだゆう》と早川宗助《はやかわそうすけ》が二百石と役料十石、田中権《たなかごん》右衛門《えもん》が百五十石と役料十石である。ほかは、三百石、二百五十石、二百石、百五十石、百石の五段階の知行が与えられている。

　彼らは、藩の役職を務める者と、例えば、奥野将監組という形で番頭に率いられる馬廻組織に属する者とに分かれるが、藩の役職を務める者も、もとは馬廻の一員で、組から選抜されて役職に就くというのが一般的である。

赤穂藩には、こうした中級家臣が百四十名いた。彼らは上級藩士と同じく知行取りなので、じつは上級藩士とそれほど身分差はなく、家同士の通婚にも支障はなかった。ところが、中級家臣より一段低い格だと見なされると、身分上の大きな隔たりが出来る。それが、知行を持たず、米や金の現物で禄を支給される者たちである。

下級藩士――中小姓から足軽まで

赤穂藩には、米や金の現物で「禄」（給料）を支給される者が百二十三名いた。この知行を持たずに米の現物を支給される者を「切米取り」という。

元禄十三年三月二十七日の日付が記されている「播州赤穂城主浅野内匠頭 侍帳《さむらいちょう》」（『大石家義士文書』所収）によれば、家老四人を始めとして知行取りが百四十七人、切米取りが百二人、部屋住《へやずみ》（当主の嫡男や兄弟で独立していない者）・隠居が五十二人、奥様付きが六人、医師《いし》・茶道《さどう》・坊主《ぼうず》が三十五人で、藩士の総計は三百四十二人。部屋住や隠居を除いた正規の藩士は、三百人弱といったところになる。

しかし、「侍帳」には、医者、茶道、坊主など、軍事にかかわらないものの士分《しぶん》である者の名が記される一方で、足軽などは軍事職ではあっても身分が低いがゆえに名が記されていない。また、医者は必ずしも下級家臣ではないが、格式としては知行取りの下となる。

「切米取り」の多くは、戦になれば馬に乗って戦う格式の馬廻と軽装で戦う足軽層の中間に位置する「中小姓《ちゅうごしょう》」という身分である。徒士《かち》（歩行）や足軽とは違い、歴とした武士身分として認められていた。この中小姓以下を下級家臣としてもいいだろう。

中小姓は、多儀太郎左衛門支配というように、物頭に率いられる形をとった。討ち入りに参加した者で言えば、大高源五が二十石五人扶持である。この二十石というのは、藩の蔵から米二十石を支給されるもので、こうした本給としての米が「切米」である。そして「扶持《ふち》」とは、彼らが奉公人を雇うための手当で、一人扶持は一日米五合の割合で支給される。一年を旧暦の平年で三百五十四日とすれば、一石七斗七升となり、五人扶持ならば八石八斗五升である。大高は、下級家臣の中では高禄であるが、その年収は「切米」「扶持」を合わせて計三十石弱である。

一方、知行取りの百石は、百石の知行から年貢分を支給されることを示しているから、四公六民とすれば米四十石の支給である。知行取りの最低ラインである百石の侍でも、切米取りの侍よりかなり給与が多いことがわかる。

中級藩士の子弟や縁戚の者が、切米や金で給料を支給されている例も多いので、それほど大きな身分差があったわけではないようにも見える。しかし、下級家臣でも侍身分である中小姓に対し、「足軽」「小役人」といった士分とはされない最下層の藩士とは、画然とした差があった。

下級の者に配慮した退職手当

さて、藩内の身分、役職などの構成が分かったところで、赤穂藩の資産が、具体的に藩士それぞれへどのように分配されて行ったかを見たい。

藩士へは、まず元禄十四年分の知行米、切米、扶持米が支給された。藩の蔵にあった米のうちから、この年の給料分を渡したのである。この総計が、一年で米一万七千八百三十六石余、金にして一万三千七百二十両、現代の価値で約十六億五千万円である。

そして次に、藩の財産を処分した代金で「割賦金《わっぷきん》」を支給した。『江赤見聞記』によれば、四月五日のことである。

現代で言えば、退職一時金にあたる「割賦金」は、基本的には石高に応じて支給された。だが、低い禄の家臣の困窮を考え、高禄の者ほどその支給の割合を減じている。これは内蔵助の主張によるもので、内蔵助自身は割賦金を受け取らなかった。

知行取りには割賦金が、高百石につき金十八両支給され、切米取りの中小姓以下には、左記の定額が支給された。

中小姓組《ちゅうごしょうぐみ》	金十四両
中間《ちゅうげん》ぬけ	金十一両
歩行《かち》組	金十両
同並役人《なみやくにん》	金七両
小役人《こやくにん》	金五両
持筒足軽《もちづつあしがる》・水主《かこ》	米三石
長柄之者《ながえのもの》	米二石

定番人《じょうばんにん》　金三両二分

中小姓はすでに説明した通りだが、中間ぬけや歩行組は、中小姓と足軽の中間的身分の者である。また、並役人や小役人は、藩行政機関の下級役人。持筒足軽は鉄炮足軽のことで、水主は藩船の水夫、長柄之者は、長槍で戦闘をする足軽。定番人は門番などをする役目の者である。このうち、持筒足軽以下は、侍帳に記載されていない。士分とはみなされていなかったのである。

次いで四月十五日には、割賦金以外に「足金《たしきん》」として以下の者に手当が支給された。

中小姓以上　金六両
歩行組以上　金二両
小役人　金一両

これは、藩の船や武具などを売却して得た資金が、追加で充てられたものと思われる。

合わせて一千三十二両である。

また、江戸詰めの者には、赤穂までの路銀として全体で金百九十七両二分が支給されたほか、百石に付き金十両、中小姓に金八両、歩行に金六両の割賦金が渡された。このほか足金を含めて、合計金七百五十二両と銀一貫二百九十目が、江戸詰めの者への支給だった。

こうした割賦金（米を含む）、足金を合計すると、次のようになる。

米、千二百五十二石
金、四千七百三十五両二分
銀、十一貫百八十目

米一石三斗で金一両、銀五十六匁で金一両という当時の相場で金に換算すると、米が九百六十三両、銀が二百両ほどになる。つまり藩士たちに支給した総額は、金で五千八百九十九両、現在の価値にして約七億一千万円となる。

これに、すでに支給されていたこの年分の切米や扶持米の米一万七千八百三十六石余（金にして一万三千七百二十両）を加えると一万九千六百十九両、これがお取り潰しになった時のいわば最後の給料と退職金だった。現在の価値にして総計約二十三億五千万円が、藩士約三百名に分配支給されたのである。

単純に平均をとると、一人分は約七百八十万円ほどであるから、知行取りクラスであれば意外に高額が支給されている。しばらくは暮らしていける額だったと思われるが、それまでの住居を引払って京や大坂などへ出ていくことを考えれば、先々まで生活を続けていくにはもとより十分とは言えなかっただろう。

残務処理を終えて

四月十九日、赤穂城の引き渡しが無事終わり、その対応にあたった藩士たちも、「勝《かっ》手《て》次《し》第《だい》引《ひ》き払《はら》い候様《そうろうよう》」にと申し渡された。

しかし、なお残務処理があったので、大石内蔵助以下三十二人は赤穂に残った。内訳は、家老の内蔵助のほか、用人、目付、赤穂郡代、加東郡代、在々《ざいざい》奉行、蔵奉行、武具奉行、宗門奉行、船奉行、作事奉行、屋敷改めの各役人二十三名と、矢頭長助《やとうちょうすけ》ほか三人の勘定人、中村勘助ほか六人の物書役である（「残り人之覚」）。『江赤見聞記』では、勘定役矢頭長助と勘定四人、物書役は「御帳認候小役人」として十二人の名を記している。勘定人数、名前ともに「残り人之覚」と異同があるが、こうした者たちによって、さまざまな領地引き継ぎのための帳簿類が作成されたと推測される。

残務処理にあたった藩士には、四月十九日から五月二十一日までの「扶持方」が幕府から支給された。いわば生活費で、総計米二十八石九斗三升五合、銀にして二貫百十二匁二分五厘である。

しかし、この扶持は日々の「飯料《はんりょう》」、つまり食費に充てるもので、それだけでは生活が取り続きがたく、みな困窮した。そこで、日数に応じてさらに「雑用銀《ざつようぎん》」という名目で手当が渡された。実務にあたっていたのは勘定や小役人など小禄の者たちだったので、これは当然の措置であっただろう。

四十七士の一人で、台所役人だった三村次郎左衛門《みむらじろうざえもん》の書状によれば、五月十八日に「領内之帳面」が上使側へ引き渡されている。一連の手続きの節目であった。

この日、内蔵助は、奉行、小役人、その外の「軽《かろ》き者《もの》」までを集め、それまで首尾良く勤めたことの御礼として「魚類の料理」を振る舞った。

その後、侍身分の者は居間で一人ずつ金子などが渡され、その外の者は書院で一同にお礼がなされた。内蔵助は、三村を侍なみに居間へ通し、近くに呼び寄せ、

「その方は一人でなにかと大勢の世話をし、今まで昼夜ともによく勤めてくれ、満足している。何とか生活の援助をしたいが、今の拙者も浪人の身なので、寸志ばかりである。これからも何とか暮らしていくように」

と語りかけて、手ずから金子を渡したという。

三村は、あまりのありがたさにその場でお礼の挨拶を述べることもできず、後で大目付の間瀬久太夫を介してあらためてお礼を申し上げたと書き記している。彼が、侍身分でもないのに討ち入りに参加したのは、内蔵助の言葉によるものだったのだろう。

元禄十四年六月四日、大石内蔵助は、すべての処理を終えて赤穂を退去した。そして、先に赤穂を退去していた妻子と大坂で合流し、京都郊外の山科に居を定めた。

3　四十七士の身分と役職

少ない上、中級家臣の参加

前項で、赤穂藩内の身分構成を見たが、上級家臣、中級家臣で討ち入りに参加したものを「侍帳」から抜き出すと、次の二十七名である。石高と役職・所属は、元禄十三年の「浅野内匠頭侍帳」により、年齢は切腹した時点のものである。

大石内蔵助《おおいしくらのすけ》（良雄《よしたか》）	千五百石	家老	四十五歳
吉田忠左衛門《よしだちゅうざえもん》（兼亮《かねすけ》）	二百石役料五十石	足軽頭	六十三歳
原惣右衛門《はらそうえもん》（元辰《もととき》）	三百石	足軽頭	五十六歳
片岡源五右衛門《かたおかげんごえもん》（高房《たかふさ》）	三百五十石	用人・児小姓頭	三十七歳

間瀬《ませ》久太夫《きゅうだゆう》（正明《まさあき》）	二百石役料十石	大目付	六十三歳
小《お》野寺《のでら》十内《じゅうない》（秀和《ひでかず》）	百二十石役料五十石	京都留守居	六十一歳
大石《おおいし》松之丞《まつのじょう》（のち主税《ちから》良金《よしかね》）	部屋住	組外	十六歳
近松《ちかまつ》勘六《かんろく》（行重《ゆきしげ》）	二百五十石	伊藤五右衛門組	三十四歳
大石《おおいし》瀬左衛門《せざえもん》（信清《のぶきよ》）	百五十石	伊藤五右衛門組	二十七歳
早水《はやみ》藤左衛門《とうざえもん》（満堯《みつたか》）	百五十石	岡林杢之助組	四十歳
間喜兵衛《はざまきひょうえ》（光延《みつのぶ》）	百石	岡林杢之助組	六十九歳
千馬《ちば》三郎兵衛《さぶろうびょうえ》（光忠《みつただ》）	百石	岡林杢之助組	五十一歳
菅谷《すがや》半之丞《はんのじょう》（政利《まさとし》）	百石	外村源左衛門組、代官	四十四歳
潮田《うしおだ》又之丞《またのじょう》（高教《たかのり》）	二百石	奥野将監組、高砂役	三十五歳
木村《きむら》岡右衛門《おかえもん》（貞行《さだゆき》）	百五十石	奥野将監組	四十六歳
中村《なかむら》勘助《かんすけ》（正辰《まさとき》）	百石	玉虫七郎右衛門組、物書役	四十五歳
磯貝《いそがい》十郎左衛門《じゅうろうざえもん》（正久《まさひさ》）	百石	玉虫七郎右衛門組、近習	二十五歳
冨森《とみのもり》助右衛門《すけえもん》（正因《まさより》）	二百石	江戸給人	三十四歳

赤埴《あかばね》源蔵《げんぞう》（重賢《しげかた》）	二百石	江戸給人	三十五歳
堀部《ほりべ》安兵衛《やすびょうえ》（武庸《たけつね》）	二百石	江戸給人	三十四歳
矢田《やた》五郎《ごろう》右衛門《えもん》（助武《すけたけ》）	百五十石	江戸給人	二十九歳
奥田《おくだ》孫太夫《まごだゆう》（重盛《しげもり》）	百五十石	江戸給人・武具奉行	五十七歳
吉田《よしだ》澤右衛門《さわえもん》（兼貞《かねさだ》）	部屋住	番頭并物頭惣領	二十九歳
間瀬《ませ》孫九郎《まごくろう》（正辰《まさとき》）	部屋住	役人並組外立惣領	二十三歳
小野寺《おのでら》幸右衛門《こうえもん》（秀富《ひでとみ》）	部屋住	役人並組外立惣領	二十八歳
岡野《おかの》九十郎《くじゅうろう》（包秀《かねひで》）	部屋住	役人並組外立惣領	二十四歳
堀部《ほりべ》弥兵衛《やひょうえ》（金丸《あきざね》）	隠居料二十石	隠居	七十七歳

※「足軽頭」＝「物頭」。「高砂役」は祝言能の担当。「江戸給人」は江戸定詰の馬廻格。

「○○組」というように番頭が統括する組に配属されているのは、前にも述べたように、馬廻の武士である。知行百石から二百五十石の中級家臣で、藩の軍事力の中核を担う。「組外」は、馬廻と同等かむしろそれ以上の家格の者である。

また、部屋住として記載されている家臣の嫡子のほとんどは無禄だが、藩主への「御目見得《おめみえ》」は済ませて、家の跡継ぎである「惣領《そうりょう》」として認められているので、主従関係は成立している。彼らが討ち入りに参加したのも、自らに浅野家の家臣としての意識があったからだろう。

部屋住の者のうち、岡野九十郎は、父の金右衛門包住《きんえもんかねずみ》の名が「侍帳」の二百石の組外に載せられているが、討ち入り前に死去している。そのため、部屋住だった惣領の九十郎包秀が金右衛門の名を継いで討ち入りに参加した。

「侍帳」には載せられていないが、討ち入りには、間喜兵衛の長男十次郎《じゅうじろう》（光興《みつおき》、二十六歳）と二男新六《しんろく》（光風《みつかぜ》、二十四歳）も加わっている。十次郎は、上野介の首を取ったことで有名である。新六は、赤穂藩士里村津右衛門《さとむらつえもん》の養子となっていたが、養家での折合いが悪く赤穂を出奔《しゅっぽん》し、江戸で浪人をしていた。しかし、父喜兵衛、兄十次郎とともに盟約に加わり、討ち入りに参加した。これは家族の一体感によるものだろう。

このほか、中級家臣クラスでは、元は馬廻百石の藩士だったが、すでに元禄十年に赤穂藩を出奔して浪人となっていた不破数右衛門《ふわかずえもん》（正種《まさたね》、三十四歳）が、内蔵助に頼み込んで討ち入りに参加している。

家老・番頭クラス九人のうちで討ち入りに参加したのは、大石内蔵助ただ一人である。また、藩政の中核である物頭・用人・大目付層では、十六名のうち、吉田忠左衛門、原惣右衛門、片岡源五右衛門、間瀬久太夫の四名が討ち入りに参加した。割合でいえば二五％である。

中級家臣で参加したのは、部屋住（家老嫡子の大石主税は除く）を含めて二十五名である。知行取り（上、中級家臣）の総数百五十一名から藩中枢の家老、番頭、物頭、用人、大目付の二十五名を除くと百二十六名であるから、割合で言えば二〇％である。

むしろ多い下級家臣の参加

では、下級藩士はどうか。中小姓以下の討ち入り参加者は、以下の十七人である。

大高源五《おおたかげんご》（忠雄《ただたけ》）　二十石五人扶持　多儀太郎左衛門支配・近習　三十二歳
貝賀弥左衛門《かいがやざえもん》（友信《とものぶ》）　十両二石三人扶持　多儀太郎左衛門支配・蔵奉行　五十四歳

岡島《おかじま》八十《やそ》右衛門《えもん》（常樹《つねしげ》）	二十石五人扶持	多儀太郎左衛門支配・勘定方	三十八歳
勝田《かつた》新左衛門《しんざえもん》（武堯《たけたか》）	十九石三人扶持	多儀太郎左衛門支配	二十四歳
武林《たけばやし》唯七《ただしち》（隆重《たかしげ》）	十両三人扶持	多儀太郎左衛門支配・近習	三十二歳
杉野《すぎの》十平次《じゅうへいじ》（次房《つぎふさ》）	八両三人扶持	多儀太郎左衛門支配	二十八歳
茅野《かやの》和助《わすけ》（常成《つねなり》）	五両三人扶持	組付惣領横目	三十七歳
神崎《かんざき》与五郎《よごろう》（則休《のりやす》）	五両三人扶持	組付惣領横目	三十八歳
△矢頭《やとう》右衛門七《えもしち》（教兼《のりかね》）	部屋住		十八歳
△倉橋《くらはし》伝助《でんすけ》（武幸《たけゆき》）	二十石五人扶持	次番	三十四歳
△村松《むらまつ》喜兵衛《きひょうえ》（秀直《ひでなお》）	二十石五人扶持	蔵奉行	六十二歳
△村松《むらまつ》三太夫《さんだゆう》（高直《たかなお》）	部屋住		二十七歳
△前原《まえばら》伊助《いすけ》（宗房《むねふさ》）	十石三人扶持	江戸中小姓・金奉行	四十歳
△奥田《おくだ》貞右衛門《さだえもん》（行高《ゆきたか》）	九石三人扶持	加東勘定方	二十六歳
△横川《よこかわ》勘平《かんぺい》（宗利《むねとし》）	五両三人扶持	歩行	三十七歳
△三村《みむら》次郎左衛門《じろうざえもん》（包常《かねつね》）	七石二人扶持	台所役人	三十七歳

△寺坂吉右衛門《てらさかきちえもん》（信行《のぶゆき》）　三両二分二人扶持　吉田忠左衛門組足軽　（三十九歳）

「○○支配」とあるのは、前に説明した中小姓のことで、役職として近習、蔵奉行、膳番などを務める者もいる。また、△印が付いているのは「侍帳」に記載されていない者で、『赤穂義人纂書』所収の「浅野内匠頭分限帳」で補った。

このうち、矢頭右衛門七は、父長助が「侍帳」に、「二十石五人扶持、多儀太郎左衛門支配、勘定方」として名が載っている。長助が死去したため、子の右衛門七が討ち入りに参加した。また村松三太夫は、父喜兵衛とともに討ち入った。

これら下級家臣から討ち入りに参加したのは十七名だから、戦闘者として仕える下級武士の総数百二十三名に対しては、一四％ほどになる。

また、台所役人の三村次郎左衛門や足軽の寺坂吉右衛門らは、侍帳にも載らない軽い身分の者たちである。だが、三村は赤穂藩改易の残務処理の後、内蔵助に声をかけられたことで、討ち入り参加を決意したのだろうし、寺坂は、吉田忠左衛門の元家臣から浅野家の直臣に取り立てられ、吉田の組の組足軽となっていたため、改易後も吉田に従い、討ち入りまで付いていったのだろう。寺坂が吉良屋敷を出た後に姿を消した理由には諸説があるが、武士身分ではない彼が死ぬことを憐《あわ》れんだ吉田の指示によるものであった可能性が高い。実際、寺坂は逃亡したとされることによって、幕府から追われることもなかった。

討ち入りは、藩の軍事力の中核をなす馬廻ら中級家臣によって担われたが、それでも藩全体の中級家臣に占める人数を考えれば二〇％ほどにすぎない。それよりも、むしろ少なからぬ数の下級家臣が参加していることに注目したい。このことは、知行取りではなくても武士としての誇りを持つ者がいたことをはっきりと示している。また、侍帳にも記載されないような軽い身分であるがゆえに、かえって武士としての誇りを持ちたいと願った結果が討ち入りへの参加だったとも言えるであろう。

討ち入り参加者の特徴

次に、討ち入り参加者を身分階層ではなく、その役目による立場からも見てみたい。

片岡源五右衛門は小姓頭兼側用人で、常に主君内匠頭の側に仕えていた。磯貝十郎左衛門も、近習をつとめていた内匠頭の側近である。彼らは、一時代前ならば、藩主が病死しても殉死するような、藩主個人と一蓮托生の関係にある者たちである。幕府は殉死禁止令を寛文三年（一六六三）に出しているが、その立場ゆえに、彼らが討ち入りに参加したことは当然と言える。

家老・番頭クラスからは大石内蔵助だけが、物頭でも吉田忠左衛門と原惣右衛門の二人だけが参加しているが、元禄十五年六月頃までは、番頭の奥野将監、物頭の小山源五左衛門、進藤源四郎、河村伝兵衛などが、同志の中で指導的な立場にあった。これは、浅野家再興に望みをつないでいたせいかもしれないが、それなりの家柄にあっただけに失うものも多く、討ち入りに躊躇《ちゅうちょ》した、ということなのだろうか。

馬廻クラスの者たちの参加動機は、堀部安兵衛に象徴されるように、「武士の一分」を立てたいというものだろう。主君が喧嘩をして切腹になり、相手の上野介が存命だというのは、当時の観念では武士の面子が立たないことだった。討ち入りをしなければ、「赤穂藩に人がいないと思われる」というのは、そのまま彼らの本音であっただろう。

そして、中でも江戸定詰の中級藩士であった者たちは、事件が江戸で起きただけに、藩主切腹の衝撃は大きく、自然と多くの者が同志に加わることになった。

また、事件を国元へ知らせる使者を務めた四人のうち、早水藤左衛門、原惣右衛門、大石瀬左衛門の三人が討ち入りに参加している。残る萱野三平も、討ち入りに参加する志《こころざし》があったが、同志と親との板挟みになって自害している。

彼らは、江戸定詰ではなく、藩主の参勤に従って江戸に出てきていた者たちであるが、刃傷事件とその後の対応に近く関わったことが、いかに大きな影響を与えたかがよくわかる。

参加者構成の特徴として、一族ぐるみで参加した者が多かったことは、よく指摘される点である。

まず、親子で参加した者に、大石内蔵助と主税、吉田忠左衛門と澤右衛門、小野寺十内と幸右衛門（養子）、間瀬久太夫と孫九郎、間喜兵衛と十次郎、新六、村松喜兵衛と三太夫、計六組十三名がいる。また、堀部安兵衛は堀部弥兵衛の婿養子、奥田貞右衛門は、奥田孫太夫の婿養子である。

縁戚関係に広げれば、大高源五は小野寺幸右衛門の実兄で、小野寺十内は叔父にあたる。岡野金右衛門は十内の甥、十内と間瀬久太夫は従兄弟同士で、久太夫の姪の夫が中村勘助である。また、貝賀弥左衛門は吉田忠左衛門の実弟、岡島八十右衛門は忠左衛門の姪の夫で、原惣右衛門は八十右衛門の実兄である。

こうした近い血縁関係にあれば、自然と一緒に討ち入りに参加しようと思うであろうし、自分だけ脱けるわけにはいかないという心理的な強制力が働いたことは確かだろう。

しかし、途中で脱盟した小山源五左衛門、進藤源四郎は大石内蔵助と一族関係にあった。また、一族関係がなく、まったく一人で参加している者も少なくない。そして、同じ藩の同じ格にある藩士は、そもそも互いに縁戚関係を結ぶことが多いので、必ずしも一族関係の心理的強制が、参加者構成の主要な要素とは言えないのではないだろうか。

むしろ、階層、役職、立場など、非常にまんべんなくその属性は分布しており、一口にどのような者が討ち入りに参加したとは言えない所に四十七士の特徴があると言える。つまり、一人一人の考えが独立しており、しいて言えば「武士道」への思い入れの強い者が参加したと言えそうである。

新参者と元藩士

討ち入りに積極的だった者に、新参家臣が目立つのも四十七士の大きな特徴である。

越後新発田《しばた》出身で江戸で浪人していた堀部安兵衛は、元禄七年のいわゆる「高田馬場の仇討ち」により、江戸中で評判の人物となり、請われて赤穂藩の留守居役をしていた堀部弥兵衛の娘婿になった新参者である。したがって藩主個人への義理はあまりなかったが、最初から吉良上野介を討つことを強く主張し、養父堀部弥兵衛とともに討ち入っている。また、途中で脱盟しているが、安兵衛とともに江戸定詰の強硬派だった馬廻の高田郡兵衛《たかだぐんびょうえ》も内匠頭の代に召抱えられたものである。

また、徒目付《かちめつけ》（徒士身分の監察役。横目とも言う）の神崎与五郎と茅野和助は、もと美作津山藩《みまさかつやま》森家に仕えていたが、元禄十年（一六九七）に森家が改易された後に、赤穂藩に召し抱えられた。五両三人扶持というわずかな俸禄だが、新規召し抱えの恩は、命を捨てるほどに重いものだったのだろう。

逆に、四十七士の中には、内匠頭との関係があまりよくなかった者もいた。

馬廻の千馬三郎兵衛は、主君にたびたび諫言《かんげん》して不興を買い、元禄十年には閉門を命じられていた。そのため、江戸城中で刃傷沙汰が起きる同十四年三月に、永《なが》の暇《いとま》を乞おうとしていたほどだったが、それにもかかわらず、主君の死を知って盟約に加わっている。

また、前に述べたように、不破数右衛門も、内匠頭の勘気《かんき》を蒙って赤穂を去り、刃傷事件の時には江戸で浪人していた。不破は山科まで大石内蔵助を訪ね、「兼ねて御免いただく様、嘆願しようと思っていましたが、御不慮の後はその望みも失い、明け暮れ愁嘆していました。ところが内々の思し召し立ちを仄聞《そくぶん》しましたので、何卒《なにとぞ》御人数に召し加えてください。そうしていただけたならば、一命を捨て、泉下《せんか》において御勘気を御免いただく種にもしたいと思います」と願った。

内蔵助は、「亡君の御在世に勘気を蒙った者」を自分の一存で許すわけにはいかないと渋ったが、しかし不破の決意は固く、内蔵助も考えをあらためた。

元禄十四年冬に江戸へ下った際、内蔵助は不破を連れて泉岳寺へ行き、まず一人で内匠頭の墓前に蹲踞《そんきょ》して、不破の赦免を願った。そして、しばらく平伏してから不破を呼び寄せ、「(亡君は)御勘気を御免遊ばされ、(不破に)新知百石を下されると仰せになったので、早速御礼を言上せよ」と告げたという(『赤穂鐘秀記』)。
『赤穂鐘秀記』は、同時代人である加賀藩士杉本義鄰《よしちか》による赤穂事件の実録で、確かな史料をもとに記述し、自分なりの考証を加えたものである。これに書かれた不破数右衛門らの赤穂浪人の逸話は、彼らが御預け先で話したことが元になっていると考えられ、信頼してよいと思われる。

このように、新参の藩士や藩主から勘気を受けた者の方が、むしろ藩主個人に対する思いが強く、またその恩を感じていたのかもしれない。

確実に言えることは、片岡源五右衛門のような側近の藩士を除けば、多くの討ち入り参加者は、内匠頭個人から特別な恩寵を受けてはいなかったことである。しかし、彼らは、自らの「武士道」と家の名誉を守るために行動したのである。

これは、たとえば茅野和助が、

此場《このば》を遁候而《のがれそうろうて》ハ、私迄ならす(ず)一家の面目《めんぼく》、殊《こと》ニ武士ヲ立候へハ(えば)武二(次)郎又ハ倅《せがれ》猪《い》

之《の》吉《きち》抔《など》にもあしく、兎角《とかく》〱武士をはつ《（ず）》れ申事ニ御座候

——此処を逃げてしまえば、私だけでなく一家の面目、とくに武士として弟の武次郎や息子の猪之吉などにも悪い影響があるでしょう。何を置いても、武士の道を外れることになってしまいます。

（「仁木家文書」津山洋学資料館寄託）

と書いたように、討ち入り直前になって彼らが親族に書いた手紙の数々が、その真意を語っているのである。

第二章　軍資金と浪人生活

1　藩の「余り金」と瑤泉院の「化粧料」

軍資金の出所

いよいよ本章から『金銀請払帳』の分析に入りたい。

『金銀請払帳』に記された、御家再興や討ち入りのために用意した費用（以下、軍資金と呼ぶ）は、金が六百九十両二朱、銀が四十六匁九分五厘である。銀の方は一両にも満たない金額で、合わせて金六百九十一両といったところである。本書における金一両＝十二万円で換算すれば、八千二百九十二万円である。

計四口ある入金のうち、冒頭に記された次の二口が軍資金のほとんどである。

1 一、金四百三拾壱両三歩弐朱
　　銀四拾壱匁七分
　　　　赤穂にて巳六月四日請取。

2 一、金弐百弐拾両
　　　　赤穂にて巳六月三日、手形にて請取。

※金の単位の「歩」は「分」に同じ。
※「巳」は、巳年のことで、元禄十四年を指す。

これらのお金は、大石内蔵助の説明によると、「去春（元禄十四年）赤穂において預かり候御金」で、「一儀《いちぎ》之《の》用事《ようじ》」に使ったその「余《あま》り金《がね》」であったという。このお金を内蔵助は、赤穂藩会計の残務処理を終え、六月初頭に赤穂を離れたときから、現金、現銀と手形で預かっていたのである。

このことは、討ち入りの直前、元禄十五年十一月二十九日付で、内匠頭の正室瑤泉院付き用人の落合《おちあい》与《よ》左衛門《ざえもん》へ宛てた書状に記されている（『赤穂義士史料』下巻所収）。

落合は、『浅野内匠頭分限帳』では、「奥様衆」の筆頭者として知行二百石、江戸で六人扶持が支給され、五人の部下がいる。瑤泉院に付いて三次浅野家から赤穂浅野家に入った者で、瑤泉院が三次浅野家へ戻るときにも従っていた。そのため、内蔵助は亡君の正室である瑤泉院への用事は、すべて落合を通しているのである。

じつは、この落合与左衛門は赤穂事件の基本史料である『江赤見聞記』の筆者だとも言われている。落合筆者説には疑問が残っているが、少なくとも『江赤見聞記』の筆者が、落合のように赤穂浅野家に関係する書付、帳簿、覚書、書状の類を広く見ることのできる立場にあったことはたしかである。幕府や他大名からの書状の写しが収録されているのをはじめ、『堀部武庸筆記』や『堀部《ほりべ》金丸《あきざね》私記《しき》』なども参照し、他に残されていない原惣右衛門の筆記や大目付仙石伯耆守と内蔵助のやりとりまで収録するなど『江赤見聞記』の史料的信頼性は高い。本書でも、『金銀請払帳』にある軍資金の使途とそれに関する旧藩士の動きを考察するとき、これを主な比較参考の対象としたい。

さて、これまでの研究では、内蔵助が軍資金としたお金のほとんど、つまり入金項目の[1]と[2]は、瑤泉院が、三次浅野家から嫁入りした時に「化粧料《けしょうりょう》」として持参したもので、それを赤穂の塩浜に貸し付け、利子を私的な支出にあてていたところ、赤穂を退去する際にその元金を内蔵助が引き揚げたものとされていた。

しかし、この点は誤解があるようである。詳しくは第四章で分析するが、とりあえず、約七百両の軍資金のうち、その半分は瑤泉院の化粧料だが、残る半分は、藩財政の余り金だったと理解されたい。

この「余り金」だが、内蔵助は、さしあたって使う目途があって残したようである。入金の残る二口、3、4がそれを示している。

3　一、金参拾両

京六波羅《きょうろくはら》普門院《ふもんいん》、江戸指《さ》し下《くだ》し申すべくと心当《こころあ》て、赤穂にて岡本次郎左衛門請け取り候得《え》共《ども》、江戸へ普門院下らずにつき、此の方へ請け取り元に立てる。

4　一、金八両壱歩
　　銀五匁弐分五厘

紫野瑞光院にて御《お》石塔《せきとう》御《お》位《い》牌《はい》建《た》て候入用《いりよう》に心当て、小野寺十内赤穂にて受け取り銀差し引き残金、十内より受け取り元に立てる。

3は、内蔵助が御家再興のため、京都・六波羅の寺僧普門院を江戸に指し下すため、大坂蔵屋敷留守居役だった岡本次郎左衛門に託したお金である。

普門院は、もとは赤穂城下の遠林寺の住職を務めており、五代将軍綱吉の帰依《きえ》する護《ご》持院隆光《じいんりゅうこう》とかねて心安い仲であることから、内匠頭の弟大学の閉門が赦免され、「人前《ひとまえ》も宜《よろ》しく相勤《あいつと》め候様《そうろうよう》に」してもらいたいので、是非江戸に下り、「公儀向き御取り繕《つくろ》い」を頼み入りたいと考えたのである。

その願いを認《したた》めた内蔵助の書状は、五月十二日付で、原惣右衛門が京都の普門院へ持参したが、あいにく留守で、渡すことができなかった。この書状は『江赤見聞記』に収録されているが、そうした事情でこの金は、岡本から内蔵助に返却されたのである。

4は、京都・紫野の瑞光院に、亡君浅野内匠頭の石塔と位牌を建てるための費用で、京都屋敷留守居役だった小野寺十内に預けたお金の残金である。

内蔵助は、城の明け渡しに並行して、藩の公金を割賦金として藩士たちに配ったほか、浅野家の祈願所である遠林寺に金五十両を寄進するなど、藩主の菩提《ぼだい》を弔うための費用にも使っていた。

つまり、［3］、［4］は、公金のうちから御家再興や内匠頭の供養のために支出したものの一部が返却されたものなのである。内蔵助は、今後も予想されるこうした使途のため、藩の余り金と瑤泉院の化粧料を預かったと考えられる。そして、この計六百九十一両が、討ち入りの軍資金になるのである。

『金銀請払帳』の原本調査

『金銀請払帳』は、討ち入りまでの状況を推測させる好史料であることから、「はじめに」でも触れたとおり、赤穂事件関係の研究書などでは必ずと言ってよいほど引用や言及がなされている。赤穂市編『忠臣蔵』第一巻に収録されている『金銀請払帳』を主とした赤穂浪士の行動分析（神戸大学名誉教授八木哲浩氏執筆）は詳細で優れたものであるが、しかし他の多くの研究では、この史料を添え物的扱いとすることがほとんどで、これを主としてそれぞれの記載について他の史料と対照して比較考証している研究は少ない。

この『金銀請払帳』の伝来について、赤穂事件研究の古典的名著である渡辺世祐《よすけ》氏の

『正史赤穂義士』（昭和五十四年、光和堂刊）は、次のように紹介している。

――この目録の内の終にある「一　預置候金銀請払帳」とあるのは事件一切の収支決算をしたものであって、それが今日は神奈川県箱根神社の宝物になって居る。これは浅野大学の手許にあったのであるが、大学は後に幕府から旗下（本）交代寄合に取立てられて、宝永七年に安房と上総の間に於て五百石を頂戴し青山穏田《あおやまおんでん》に屋敷を頂戴していた。何時の間にかこの請払帳が外に出て、或は内蔵助が江戸に下る時に復讐を箱根権現に祈っているために大学から権現に寄附したものであろうか確かなことは分らぬが、権現の宝物となっている。その全文は矢頭長助教照の書いたものである。その最後と各紙に内蔵助の黒印が押してある。

渡辺氏が「目録」と言っているのは、内蔵助が討ち入り直前に瑤泉院の用人落合与左衛門に託した書類の目録である（『忠臣蔵』第三巻所収）。これには、『金銀請取元帳』や『引料金渡帳』などと題された十六項目にわたる書類が書き出されているが、その一つが箱根神社所蔵の『金銀請払帳』なのである。

本書を執筆するにあたって、平成二十四年六月に箱根神社の許可を得て、『金銀請払帳』の原本調査を行っているので、ここにその調査所見をまとめておきたい。

この史料は、現在は修復されて表紙と見返しなどが補われ、各丁とも「裏打ち」といって裏側から和紙等を張って厚く丈夫にする補修がなされている。修復されたのは、奥書に「昭和六年四月修覆」とあるので、昭和六年であることが明らかである。裏打ちなどのため、一見すると厚手の冊子のようだが、もともとは表紙共紙《ともがみ》（表紙と本文用紙が同一であること）の楮紙《こうぞがみ》の薄い冊子だったと見られる。楮紙は、楮の樹皮繊維を漉《す》いた丈夫な紙で、公文書など長期保存用の書類に用いることが多い実用向きの紙である。

表紙を含めて二十六丁（五十二頁）で、縦二十九・一センチ、横十九・三センチ。ほぼA４判の大きさである。

原表紙には次の表題がある。

「元禄十五年　　預置候金銀請払帳　　午十一月　　大石内蔵助」（95頁、写真上参照）

東京大学史料編纂所の前身である帝国大学史料編纂掛が、明治十九年五月に影写本《えいしゃぼん》を作成しているので、少なくともこの段階で同史料がすでに箱根神社の所蔵となっていたことがわかる。

『赤穂義人纂書』に「大石良雄金銀請払帳」の名で収録されている同史料は、同書の増補版が明治四十三年（一九一〇）に刊行されたときに、この史料影写本からの謄写を活字化して収録したもので、仮名遣いが、カタカナから平仮名になり、送り仮名などを補っている。『赤穂義人纂書』所収本では、武林唯七が藤沢に遣わされた時の路銀が「金三両」となっているが、原本では「金壱両」である（『忠臣蔵』第三巻では、仮名遣いなども原本通りで、「金三両」の誤記も「金壱両」に訂正されている）。

箱根神社では、箱根神社の神職に赤穂浪士にゆかりの人がいて『金銀請払帳』と大石内蔵助の手紙を奉納した、と口伝《くでん》されているそうだが、残念ながらはっきりしたことは分からず、あるいは神職というのも、明治時代に廃仏毀釈《はいぶつきしゃく》で神社になる以前、神仏習合の「箱根権現」時代の僧職のことであるかもしれないという。

箱根神社に関係する文書記録では、明治二十七年に刊行された箱根地方の地誌「函山《かんざん》

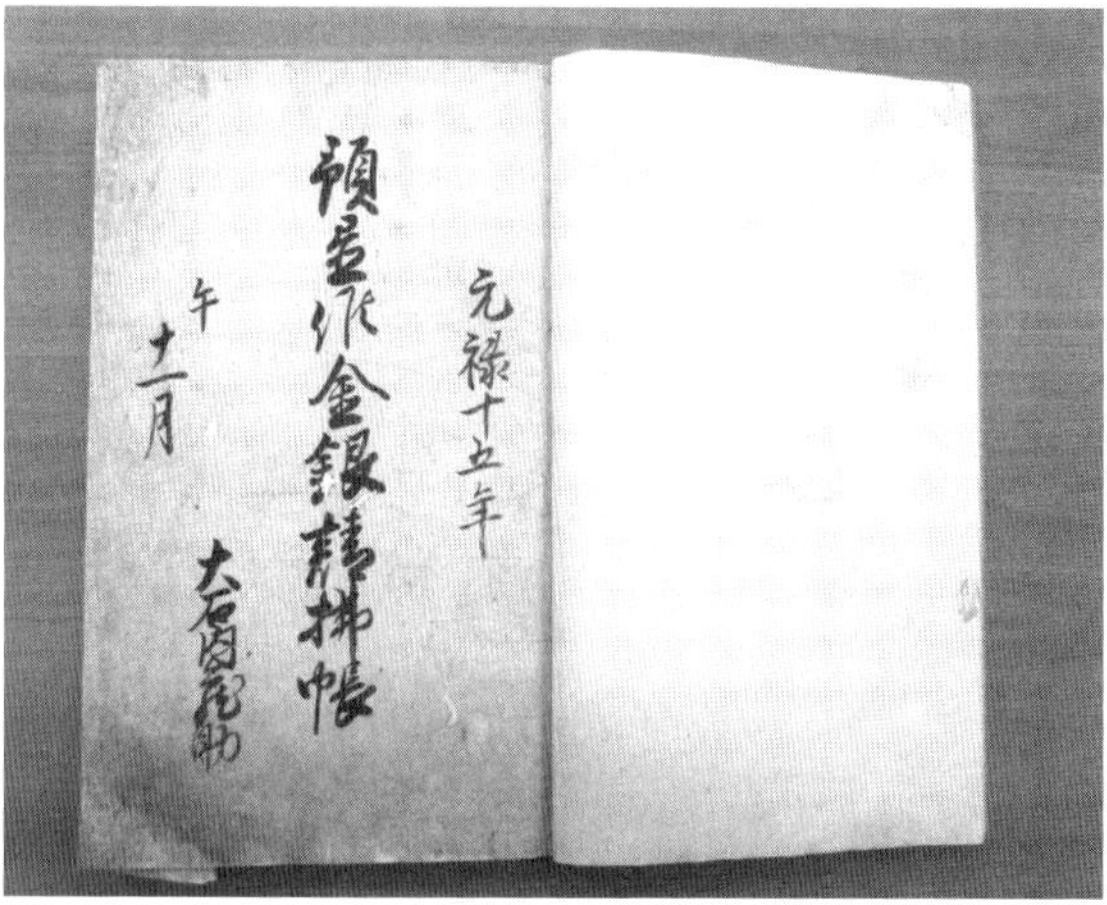
元禄十五年
預置候金銀請払帳
午
十二月
大石内蔵助

『預置候金銀請払帳』表紙——箱根神社に伝わる貴重な一級史料

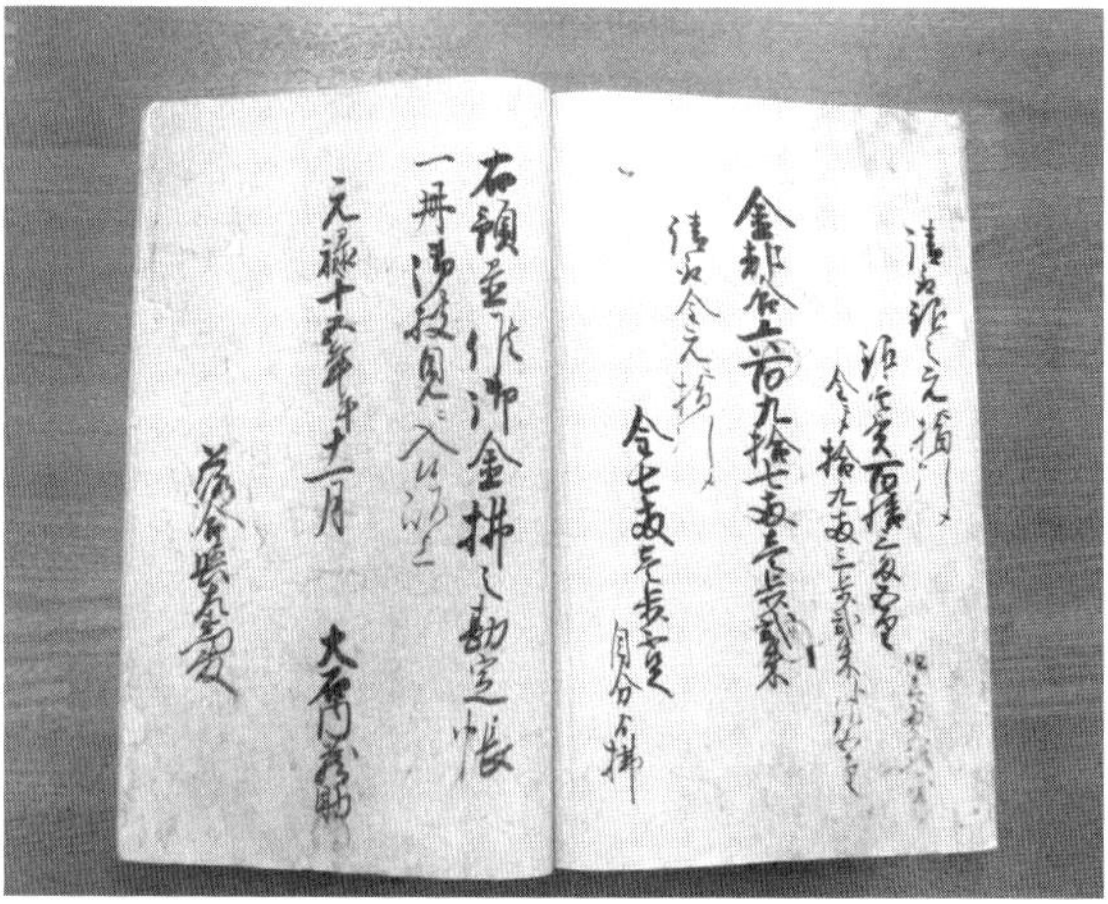

『同』最終頁——決算された総支出額は「金都合六百九拾七両壱歩弐朱」

誌《し》」（松井鐙三郎著、遠州屋刊）に掲載された宝物目録の記載が初出で、江戸時代の目録類には記載がないそうである。

『金銀請払帳』の原本は、全体が同筆であり、整然と記載されているので、金銀の請け払いをすべて締めた時に、小手形などをもとに書き上げたか、それまで付けていた請け払いの帳簿をあらためて清書したかの、どちらかであろう。内蔵助がこの帳簿を付けたとされるが、現存する内蔵助の書状類と比較してみるとあまり似た文字はなく、その筆使いからは、物書など帳簿を付け慣れた者が記帳したものと思われる。

しかし、文字は元禄当時のものとして差し支えなく、当事者にしか知り得ない記載も多く、金の集計部分と大石内蔵助の署名の後に印章が押してある（前頁、写真下参照）のでこれを原本と見て良いだろう。同史料の内容を裏付ける周辺史料が豊富であることから、偽書の可能性はなく、その史料的価値は高い。

2　巨額の仏事費と政治工作費

亡君の菩提を弔う

『金銀請払帳』では、先の入金四口に続き、「右金銀之払左ニ記《みぎきんぎんのはらいさにしるす》」と出金が記載されてゆく。最初に出てくる出金は、次の通りである。

①　一、金百両　　紫野瑞光院に建る御墓寄付の為、山相調え候代金也《やまあいととの》。則ち証文これ有り候。

まず内蔵助は、預かったお金で、京都の紫野瑞光院に立てた亡君浅野内匠頭の墓のため、瑞光院への寄付として山を購入した。臨済宗大徳寺の塔頭《たっちゅう》である瑞光院は、浅野家とは深い由緒があり、瑤泉院の従弟が院主を勤めていた。

『江赤見聞記』（巻二）には、花岳寺で行われた法事の記事に続いて、次の記載がある。

一、金子二百両　　京都紫野瑞光院へ、下賀茂村《しもかもむら》にて山寄附仕《つかまつ》る。

『金銀請払帳』にある「山相調へ」というのが、京都郊外にある下賀茂村の山を瑞光院へ寄付したことを指すのがこれによりはっきりするが、こちらでは、その額が二百両になっている。同じことを記載していることは確かであるが、すでに藩の残金から百両を控除してあったものか、百両の誤記なのかは判然としない。

それにしても百両は現在の千二百万円ほどに相当する。内蔵助は、預かった六百九十一両のうちの七分の一を亡君の菩提を弔うために真っ先に使っているのである。

このほか、瑞光院へ山を寄付することに関しては、別途僧侶への挨拶などに五両一分の出費もあり⑮、瑞光院では施餓鬼《せがき》も行い、内蔵助のほか、物頭の進藤源四郎と京都留守居役の小野寺十内が参詣している⑩。

こうしたお金の使い方から、内蔵助がこの時点では、この金を討ち入りに使うことなどまだまったく考えていなかったことが察せられる。

内匠頭の菩提を弔うための出金は、瑞光院に対するものだけではない。「八幡山滝本坊方にての御祈禱料」としての金十両（②）や、内蔵助の弟である専貞《せんてい》（43頁、系図参照）のいる八幡山大西坊にも「御祈禱浴油料」金五両（⑪）がある。また、さらに出金の順序は少しあとになるが、瑞光院拾翠庵への「稲荷御祈禱料」の金二分（㉖）、瑞光院東堂誠首座への「稲荷御祈禱料」の金三分（㉞）など、仏事費の出金は続く。

御家再興の政治工作費

紫野瑞光院に寄進した山の代金や、八幡山滝本坊への祈禱料などの次に出てくるのが、次の智積院への出金である。

③　一、金壱両壱歩　智積院隠居僧正《ちしゃくいんいんきょそうじょう》へ手遣《てづか》いに、同宿《どうしゅく》五人へ百疋宛遣《ひゃっぴきあてつか》わ
　　　但、五百疋　し候。橋本次兵衛へ渡す。手形有り。

これは、浅野家再興の嘆願を智積院隠居僧正へ取り次いでもらうために、智積院の「同宿」（師を同じくする僧侶のこと）五人へ百疋ずつを渡しているというものである。「手遣い」は、現代の言葉で言えば口利きなどによる「工作」である。

「疋《ひき》」は、銭十文を数える単位で、百疋で銭一貫文になる。銭四貫文で金一両だから、百疋と言えば金一分である。贈答に金銭を用いる時、金一分では少ないようなので、百疋という大きい数字を使うのだが、実際は一分金を紙に包んで渡した。この場合、五人に一分ずつ渡しているので、締めて金一両一分になったのである。

「手遣い」の出金は他にもある。

④ 一、金弐拾両
　　遠林寺用事に付き、江戸へ指し遣わす往来路銀。江戸において方々へ手遣いの入用銀に渡す。手形有り。

浅野家祈願所だった赤穂城下の遠林寺の僧祐海《ゆうかい》を江戸に遣わすため、往復の旅費や江戸で方々へ「手遣い」するための経費として二十両を渡している。これに関連したものだろうか、祐海の弟子を海路で京へ遣わすための路銀が一両、出金されている（⑤）。

この遠林寺の派遣について、『江赤見聞記』（巻四）は、「赤穂御祈願所遠林寺と申す寺の住僧祐海と申し候出家、志《こころざし》の者《もの》に候間、内蔵助差図《さしず》にて江戸へ差し遣わし」と書いている。内蔵助は、遠林寺祐海を浅野家再興嘆願のために、工作費を持たせて江戸に遣わしたのである。

祐海は、江戸の浅野家祈願所鏡照院《きょうしょういん》を頼り、その伝手《つて》で将軍綱吉が帰依する護持院大僧正隆光に対面した。そして、「内匠頭は先領主ですので、たいへん残念に存じております。此の上は、大学の閉門を首尾良く御免あそばされ、御奉公も勤まる様にと、明け暮れ願っております」と訴えたのである。

祐海の願いに対して、隆光もその時は色よい返事をしたようである。しかし、その後ははかばかしい進展がなかった。しかも、内蔵助の嘆願の筋は、単純な御家再興ではなかったのである。

内蔵助は、祐海の書状に対する元禄十四年七月二十二日付の返書で、「大学様の赦免《しゃめん》だけを願っているのではない。大学様が赦免される時、首尾良く人前《ひとまえ》がなるように、面目も立つようにと願っているのだ」と書いている。「人前がなる」、つまり吉良上野介への処分がなければならない、と言っているのである。

赦免されるだけでは浅野大学の面子も立たず、赤穂の旧藩士の面目も立たない。幕府に再び奉公した時、上野介があいかわらず奉公しているのでは、大学は身の置き所もない。内蔵助は、難しい嘆願であることを自覚しながら、喧嘩両成敗が「天下の大法」である以上、将軍綱吉にその真意が伝われば、あるいは思い返してくれるかもしれないと考えていたのであろう。

『金銀請払帳』には、先の二十両に加え、さらに二十四両一分を「遠林寺江戸手遣いに罷《まか》り下り候につき、往来路銀に渡す」(33)とある。祐海は、いったんは江戸から上方に戻り、再び江戸に行ったようだが、これは日付がないのでいつのことかはわからない。

内蔵助は、元禄十五年正月十一日付の祐海宛書状では、「もはや左様の用事もござなく候」と書いているので、祐海ルートの嘆願工作は、その頃には断念したようである。

こうした一連の出金を合計すると工作費は計六十五両になる。内蔵助は、御家再興のため、それなりの額の軍資金を使ったのである。望みは薄いとわかっていたはずだが、できるだけのことはしたと考えていいだろう。

内蔵助は、預かったお金を、まずは亡君の菩提を弔うために使った。しかし、それだけならば、六百九十一両も手元へ残しておく必要はない。おそらく、浅野家再興のためには多額の工作費がかかることを予想しており、結果的に、その備えが討ち入りのために不可欠な軍資金になっていったのである。

その他の出費

初期の出金の中には、他史料と照合してもその支出の事情がよく理解できないものがいくつかある。まず、幕府代官に関係する二つの出金に疑問がある。

出金の一つは、幕府代官二人へ贈った「切付《きっつけ》」（馬の背や脇腹を保護する馬具。下鞍とも言う）などの代金、金一両と銀子五分（⑥）で、もう一つは、幕府代官の手代三人を「御用ニ付」、物頭だった佐々小左衛門の家へ招いて饗応した費用、銀七十一匁九厘（⑦）である。

上使（受城使）が、城受け渡しの約一ヶ月後には赤穂を離れたのに対し、代官の石原新左衛門正氏《まさうじ》と岡田庄太夫俊陳《としのぶ》の二人は、次の赤穂領主が決まるまで領内の統治を行う。そうした相手に、御家再興への助力や、事務手続き上の便宜を願う意図を込めて交際費を使ったことは当然である。

問題は、この他にも代官らへ具足や鞍、金子、銀子などの贈り物をしていることが『赤穂城引渡一件』などの史料にも見えるのに、なぜこの二件だけが軍資金から出金されているのかということである。藩金の帳簿を締めた後に、⑥、⑦の支出が未決済なことが分かり、やむなく軍資金で清算したのだろうか。

また、馬廻百石の草苅伝左衛門に関する二つの出金にも似たような疑問がある。

一つは、浜松へ引っ越す草苅のため、東海道の「今切関所《いまぎれせきしょ》」（浜名湖の「今切渡《いまぎれのわたし》」にあった）の通行証文の入手のために関係者へ贈った「音物《いんもつ》」で銀三十三匁三分（⑭）。もう一つは、この証文入手の相談のため、勘定役だった矢頭長助を大坂から呼び寄せた往来路銀の銀二十二匁八分三厘（⑫）である。

今切関所は女性の通行には厳しく、妻女を伴う引越しには通行証文が欠かせなかった。だが、要職にあったわけでもなく、初期においても同志としてとくに活動していた様子の見えない草苅に、どうしてこのような手厚い対応をしたのかが不明なのである。

但し、前出の『赤穂城引渡一件』には、江戸への引越しを考えていた者たちが、受城使に願い京都所司代（西国大名、朝廷の監察役。譜代大名の役職）からの「今切女通《おんなとお》り御証文」を入手できたことが見え、草苅にも母を浜松へ引っ越しさせるための証文が五月四日付で発行されたことが見える。だが、実際には何らかの事情で通行証文の入手が遅れた草苅について、これを藩当局の残務と考えた内蔵助が、軍資金を使ってその世話をしたということなのであろうか。

以上のような点の解明は今後の課題だが、当事者たち以外にはその意図がにわかには判然としない記述は、むしろ『金銀請払帳』の信憑性を表すものであると言えよう。

また、序章でも紹介したように大坂の商人木屋太兵衛には褒美として銀一枚（⑧）を出金していたが、さらに金二両の出金がある（⑬）。太兵衛は、その後も浅野家のために、人を使って書状を届けるなど、自腹を切るような状態だったようだ。そこで矢頭長助の助言もあって、「さらに精を出して家中の用事を勤めさせるため」、この出金があった。町人の協力が不可欠で、配慮していたことがわかる。

3　難儀する無職生活

旧藩士の身の振り方

元禄十四年（一七〇一）六月十六日付で原惣右衛門が桑名藩士の従弟に宛てた書状には、

「当分赤穂に住居する願いを御目付中（ここでは代官の石原、岡田のこと）に提出し、近在に引き退いています。この頃、上方へ用事があって行ったところ、伏見、大坂のあたりに住居できるようですので、近々大坂へのぼろうと思っています」

とあり、先々の居所を探していることが分かる。

この原の書状を含め、四十七士の書状の多くは、『赤穂義人纂書』（第二）および『赤穂義士史料』（下巻）に収録されている。本書でとくに出典を明記していない書状は、両書に拠ったものである。

さて、赤穂城引き渡しの後、旧赤穂藩士は、赤穂城下を出ていく必要があった。原は、書状にあった思案の通り、のちに大坂へ出ているが、同様に旧藩士には、赤穂から近い大都市の大坂、伏見、京都などへ上って新生活を始めた者が多かった。

堀部安兵衛の養父、堀部弥兵衛の覚書である『堀部金丸私記』には、同志の者たちの居所が記載されている。

同志というのは、赤穂城引き渡しの後、大石内蔵助に面会して同志となることを誓い、起請文を提出した者たちである。総人数は、九十三人。『江赤見聞記』（巻四）に記された「居所の覚」も、この『堀部金丸私記』によったものだろう。

これを見ると、赤穂城下の近在や、加東郡（現在の兵庫県加東市）など、赤穂藩の領地にそのまま留まった者が多い。原と同様に幕府代官の許可を得たものと見られるが、領内に留まるためには、百姓・町人の格で居住するようにと命じられている。

また、江戸詰めの旧藩士は、ほとんどがそのまま江戸に留まった。ただし、もう藩邸には住めないので、借宅して暮らさなければならなかった。

堀部親子の裏店暮らし

堀部弥兵衛は、親戚の者へ元禄十四年六月二十一日付で、

「三月二十九日、両国橋近所の米沢町へ町屋を借りて移りました。いまも妻子、家来はつつがなく暮らしています」

と書き送っている。

弥兵衛は、かつて江戸留守居役まで務めただけあって蓄えもあったのか、家来にも暇を出さずに暮らしていたのである。この六月二十一日付の書状によると、年が寄ってから弥兵衛が浪人していることを難儀だと思い、熊本藩細川綱利に仕える甥や又甥らから、知行取りは金一両、「無足《むそく》の者」（知行取りでない者のこと）からは金二分が、「当座の用に使って下さい」と言って送られてきている。比較的上層の藩士には、こうした他藩にいる親類や知人があり、多少の援助は期待できたのだろう。

弥兵衛の婿養子である安兵衛も、近所の長屋に住んでいる。

六月二十八日付の堀部安兵衛書状によると、「米沢町後藤庄三郎棚《たな》」で、「うらだなにて、三間に三間、ひさしこれ有る棚」に住んでいると書いているので、せいぜい三十平方メートルほどの狭い長屋だったことがわかる。「棚」は「店」に同じ意で、裏店《うらだな》とは表通りに面していない路地裏の借家のことである。

米沢町は、現在の中央区東日本橋で、両国橋西詰の商業地区であった。知行二百石の堀部家のそれまでの生活からは、考えられないほど狭い家に住むことになったのだと思われる。

十一月七日付で、知人の高山内匠に宛てた堀部安兵衛書状には、次のように書かれている。

是《これ》よりは毎度御無音《ごぶいん》に打ち過ぎ、染々《そめぞめ》と書状を以て申し承らず候《そうろう》処、皆共浪人以後絶えず御付届《おつけとど》けなされ下され候段、さりとては御真実なる御心さしとて、何も浅からず忝《かたじけな》き儀に存じ、御噂常々申し暮らし候。

――こちらからはいつも音沙汰なしで、書状も送りませんでしたが、皆さまは私どもの浪人以後、絶えず御援助を下さり、本当に御真実な御心ざしと、皆たいへんに有り難いことだと思い、いつも噂をして暮らしております。

武士は相身《あいみ》互《たが》いというのか、図らずも浪人生活に陥った堀部父子のために、知人から絶えず「御付届け」があって、どうにか暮らしていけたのである。もとより十分な援助ではなかっただろうが、安兵衛らしいのは、次のようなくだりである。

とやかくと渡世《とせい》いたし暮らし申し候間、渡世の儀は少しも〱御気遣いなされまじく候。かゆを給《た》べ申し候とも、武士の意地は違《たが》え申さず候間、此段御気遣いなされまじく候。

――なにやかやと収入を得て暮らしていますので、生活のことは少しも心配しないでください。粥を食べていても、武士の意地は貫きますので、こちらもご心配はいりません。

じっさいに粥を食べる生活だったのだろう。だが、安兵衛の決意に揺らぎはなかった。弥兵衛の方は、まだ家来も抱えていた。九月二日付の書状には、次のように書かれている。

爰元《ここもと》八木(米)高直《こうじき》に候故《ゆえ》、弐人の家来、時々賃駕《ちんかご》などに出候へ共、外聞《がいぶん》悪《あ》しき事などは少しもいたさせず。我等父子妻子共にうらやを借り、宜《よろ》しき浪人の体《てい》にいたし居り候間、御心安かるべく候。

――江戸の米価が高いので、二人の家来を時々賃駕籠などに出していますが、外聞の悪いことは少しもさせていません。我等父子、妻子ともに裏長屋を借り、まったくの浪人の姿でおりますので、ご安心ください。

弥兵衛には二人の家来がおり、彼らは時々、賃駕籠などを担いで稼いでいたのである。この時代の家来は、主人が浪人しても側を離れず、自ら稼いで生活の足しにしていたことが窺われる。

四十七士には、ほかにも討ち入り直前まで家来を抱えている者が少なくない。彼らの生活は厳しいものだっただろうが、なんとか生活を続けていくために、家来たちも賃仕事などに出たのであろう。

しかし、これは身分上、家来を召し抱えているのが当然とされている知行取りの話で、下級の者は、家族だけで粗末な裏長屋などに居を定め、切り詰めた生活をしていた。

行く末への「覚悟」と「借金」と「商売」

浪人暮らしは、蓄えを食いつぶしていく先の見えない生活である。最初から討ち入りを覚悟していた京都留守居役の小野寺十内は、元禄十四年四月十日付の書状で妻のおたんを次のように諭している。

「老母を忘れ、妻子を思わないわけではないが、武士の義理に命を捨てる道は、是非におよばないものです。得心して、深く歎いてはいけません。母はもう余命は短いと思いますので、どのようにしてでも御臨終を見届けてください。長年連れ添っていますので、あなたの心を露ほども疑ってはおりませんが、よろしく御願いします。わずかながら残した金銀・家財を頼りに、母を世話してほしい。もし御命が長く続き、財産が尽きたら、ともに餓死なさってください。それも仕方のないことと思います」

そして、「命つなぎの為」として金十両を送り、「わずかの金銀でも、人に預けてはいけません」と念を押している。「また送る」とも書いているが、それもどうなるかはわからない。まさに命の綱となるお金だった。

刃傷事件を赤穂へ知らせる第一便の使者であった早水藤左衛門は、百五十石取りの中級藩士である。早水は元禄十五年二月二十一日付の書状で、実兄で岡山藩士の山口弥右衛門に、「内々申し入れた銀子《ぎんす》のことですが、何卒《なにとぞご》御才覚《さいかく》していただくように頼み奉ります」と援助を願っている。

しかし、山口も余裕はなかったようで、なかなか送金しなかった。そこで三月六日付の書状で、重ねて次のように無心している。

最前より申し上げ候ごとく、銀子何《なに》とぞ此度《このたび》三百目計《もんめばかり》御越し下され候はば、当分なり能《よ》くしのぎ申し候事に御座候。兎《と》角《かく》此度御越し下されず候はば、爰元《ここもと》何角《なにかと》不《ふ》埒《らち》のみならず、殊に我等当分埒明き申さず候間、御越し頼み奉り候。千万《せんばん》申し候も銀子の事に御座候間、別して頼み入り存じ奉り候。

――前から申し上げているように、銀子をなにとぞ三百目ばかり送っていただければ、当分はどうにかしのぐことができます。今回送金いただけなければ、こちらで何かと迷惑をかけるだけでなく、私も生活をしていくことができないので、ぜひ送ってください。何度も申しますが、必要な銀子なので、是非とも頼み入ります。

早水は、下人一人を召し抱え、毎日、米櫃《こめびつ》の底が見えるような生活だった。「何かと不埒」というのは、すでに方々に借金をして、首が回らなくなっていることを言っているのだろう。それなりの割賦金があったはずの中級藩士でも、一年もたてばほとんど自力では暮らしていけなくなっているのである。

「三百目」とは、銀で三百匁のことだから、本書で採用しているレートで換算すると、六十万円となる。早水の無心は、現代風に言えば、「どうにか五十万円ほど貸して下さい」と、切りのよい数字で無心することに近いだろう。

　これだけあれば、方々への小口の借金を返し、ひとまず息が吐《つ》けたのだろうが、しかし、それも長くは続かなかったはずである。


　用人だった百石取りの磯貝十郎左衛門は、最初は堀部安兵衛に一緒に行動したいと申し出たが、源助橋《げんすけばし》（現在の港区新橋四丁目）辺りに酒見世（酒店）を出し、堀部らとは連絡を取らなくなっていた。その姿を堀部は、「あまりの事に大笑いしける」と嘲笑している。しかし、磯貝の心中は、吉良邸の様子を窺い、独自に主君の仇を取ろうとすることにあった。磯貝は、後に片岡源五右衛門の口利きで一味に復帰している。

「金《かね》奉行」（藩金の管理、出納役）だった前原伊助は、少々貯めていた金で絹や木綿の布を買い、また持っていた衣服を切りほどいて、布売りを始めた。これはうまく行って、古着屋の集まる富沢町（現在の中央区日本橋富沢町）に店を出してその亭主に収まった。彼は十石三人扶持の下級家臣だったので、こうした商売も苦にならなかったのだろう。その後、前原は移転した吉良屋敷の近くの本所相生町に引っ越し、吉良屋敷に普請があった時には「日傭取《ひようと》り」、つまり日雇いの作業者となって屋敷の中を探っている。彼らは、割賦金や多少の蓄えを元手に商売を始め、討ち入りまで何とか自立して暮らしていこうとしたのである。

月三万円で命をつなぐ

二十石五人扶持で膳番《ぜんばん》（主君の食事の管理者）だった大高源五は、江戸の同志と連絡を取るため、元禄十四年十月四日に江戸に着いている。十一月六日付の書状で、その暮らしぶりを同志の岡島八十右衛門に伝えている。

此方へ参着の砌《みぎり》、路銀の残り、神戸の金壱分これあり。それより月々の扶持方、払い代抔《など》にて、とやかくとつながり、今日迄は取り続き申し候。それ故《ゆえ》ちく〳〵と買い懸《かか》りもこれ有り候。

――江戸に着いた時、路銀の残りや神戸で渡された金一分がありました。これを月々の扶持方や払い代などにあて、どうにか今日まで生活しています。ただ、そんな状態なので、少しずつは掛けの借金もあります。

内蔵助から支給された路銀の残りの金一分を月々の食事や支払いにあて、掛けでも物を買いながら食いつないでいる、というのである。苦しい生活をよく示している。彼らにとって金一分（三万円）は、しばらくは命をつなぐことができる貴重なお金だった。

徒目付だった神崎与五郎は、しばらく播州相生浦《あいおいうら》（現在の兵庫県相生市）のあたりに住んでいたが、萱野三平の九月朔日《ついたち》付の書状によると、赤穂郡那波《なば》村に落ち着いたようである。

萱野は、「そろそろ御渡世の助成《じょせい》も相見へ申し候哉《や》」と神崎の安否を尋ねている。現代風に言えば、「生活の見通しはつきましたか」といったところだろうか。藩士たちが赤穂を離散して以後は、こうした言葉が合い言葉のようになっていたのだろう。

神崎は、五両三人扶持の下級家臣である。生活が楽なはずはなかった。しかし、意志は堅かったようで、大石内蔵助も十月八日付で、次のような書状を神崎へ出している。

替わる儀候はば、早々御左右申すべく候間、御上りなさるべく候。此方には少しも失念申さず候間、左様御心得なさるべく候。横川氏へも御参会《ごさんかい》の節《せつ》、此由《このよし》御伝え下さるべく候。嘸《さぞ》御難儀の御暮しと察し入り、互いながら御笑止《ごしょうし》に候。

——もし状況に変化があれば、すぐに連絡しますので、上京してきてください。こちらは、一時も忘れていないので、そのように御心得なさってください。横川氏へも、会う機会があればそのように御伝え下さい。さぞかし御難儀の御暮しだと察します。互いに困ったことです。

神崎の決意を忘れていないと告げたものだが、浪人暮しの神崎に「さぞ御難儀の御暮しでしょう」と言っていることに、彼らの生活ぶりがよく表れている。

内蔵助は、徒目付という低い身分にあった神崎にわざわざ書状を送っている。さらに、使っている言葉も丁寧で、書中でやはり徒士身分である横川勘平のことを「横川氏」と呼んでいることが注目される。すでに赤穂藩は断絶しており、互いの上下関係がなくなったこともあっただろうが、内蔵助が同志として神崎、横川らを尊重していることが読み取れる。

再仕官の悲劇と裏切り

再仕官、つまり他の家中に召抱えられることは、元禄時代にはなかなか難しくなっていたが、それでも伝手のある者には口がないわけではなかった。同志の中では、早水藤左衛門とともに一回目の使者を務めた萱野三平も、その一人である。

三平の父七郎左衛門は、土豪の家系で元は武士であったが、摂津国にある大島《おおしま》伊勢守《いせのかみ》義也《よしなり》という旗本の領分にある萱野という在所に引っ込み百姓をしていた。しかし、百姓になっても領主の大島とは親しく、そもそも三平が浅野家に召しだされたのも、じつは浅野家と交際のあった大島の口利きだった。大島は四千七百石取りの大身《たいしん》旗本で、目付を経て元禄十四年当時は長崎奉行という要職にあった幕府のエリートである。

浅野家断絶により三平が浪人したことを聞いた大島は、「どこへなりとも頼んで召し出させてやるから、まずは自分に奉公せよ」と持ちかけた。三平の両親は大喜びで、三平に大島に奉公するよう勧めた。

しかし、三平は、

「主君が非業の死を遂げて、すぐに主取《しゅうど》りすることは本意ではありません。その上、少々考えていることもあるので、まずは御断りください」

と頼んだ。討ち入りを視野に入れた大石内蔵助の一味として行動しようと思っていたのである。

ところが両親は聞かない。三平の意に反して、すでに大島には承諾の内意も伝えていた。だからと言って、三平は真実を話すわけにはいかない。こうして両親と同志との板挟みになった三平は、元禄十五年正月十四日、自害して果てた。周囲の善意が、彼を追い詰めることになったのである。

堀部安兵衛とともに江戸急進派の一人で、槍の達人だったとされる高田郡兵衛にも仕官の口があった。

郡兵衛の父方の伯父に内田三郎右衛門元知《もととも》という者がいた。幕臣の家に生まれたが、親が罪を得たため、一度も仕官したことがなかった。

ところが、元禄十三年五月、六十八歳の高齢で幕府に召し出されることになり、当時は、御留守居の村越伊予守の組に属していた。しかし、すでに妻も亡く、子もなかったため、血縁の郡兵衛を養子にしたいと申し入れてきたのである。

郡兵衛は、「よんどころない事情があるので、この度の相談には返答できません」と断った。ところが内田は立腹し、仲介に立った郡兵衛の兄の高田弥五兵衛に理由を糺《ただ》した。弥五兵衛は、素直に郡兵衛らの計画を話した。

すると内田は、「そんなことをすれば一家は滅亡する、自分は御頭《おかしら》の伊予守殿へ申し立て、郡兵衛を一番に仕置《しお》きしてもらう」と言い出した。自分が父の咎《とが》のために長い浪人暮らしをしてきただけに、幕府への反逆に対して敏感になっていたのだろう。

そこで、郡兵衛は堀部安兵衛らと相談した上で、内田を納得させるために一味を抜けた。安兵衛らは郡兵衛に、「御自分は自滅《じめつ》めされるより外はありません。よくよく了簡するように」と釘をさし、郡兵衛も「その段、覚悟しています」と答えている。

「自滅」とは切腹を意味するが、郡兵衛の脱盟を聞いた内蔵助は、郡兵衛を追い詰めて自害などさせたら、それが元で計画が露見するかもしれないと恐れた。そのため、安兵衛らも郡兵衛と不通になり、結局郡兵衛は自害しなかった。

討ち入り後、郡兵衛は三田八幡の近所で泉岳寺に向かう一行に声をかけたが、誰も返答しようとはしなかったという。ただ堀部弥兵衛だけが「このように志を遂げ、上野介殿を討ち取り、印《（首）》をただ今泉岳寺に持参している。見られよ」と声をかけ、郡兵衛は「何れもご安堵なされたでしょう」などと応じた。

その後、郡兵衛は、あらためて泉岳寺に酒を持参し、門番に取次を願った。これを聞いた若い者たちは「扨々《さてさて》にくきやつ哉《かな》。幸いの事、是《これ》へ呼び入れ、踏み殺し申すべく候。刀をよごし申す事にてこれなく」と憤った。

しかし内蔵助が、あのような者を踏み殺して何の益があろうかと諭し、門番に酒を返させたという（『堀内伝右衛門覚書』）。

裏切り者への態度は、厳しいものだったのである。

第三章　討ち入り計画の支出項目

1　上方と江戸の往復旅費

続々と江戸へ下向

『金銀請払帳』で、かなりの支出割合を占めるのが、上方と江戸を往復する旅費で、初期から終期まで全体に亘っており、その件数も多い。

江戸への「道中路銀・旅籠《はたご》代」として最初に現れるのが、次の項目である。

⑯　一、金九両　　進藤源四郎、江戸へ指遣《さしつかわ》し候道中路銀・旅籠・江戸
　　　銀六匁　　逗留《とうりゅうちゅう》中雑用。手形有り。

進藤源四郎を江戸に遣わした時の往復旅費、旅籠代、そして江戸滞在中の諸経費であ

る。この進藤の旅費に、他の浪士たちの江戸往復旅費が続いて行く。

⑰金十両三分二朱・銀二匁一分三厘
潮田又之丞を原惣右衛門に添えて江戸に遣わした時の道中の往来路銀・旅籠・江戸滞留雑用。

⑱金二十一両一分・銀十匁四分二厘
内蔵助が岡本次郎左衛門を同道して江戸に下る道中の路銀・旅籠・江戸滞留雑用、会所入用分。

⑲金二両二分・銀十匁四分
岡本次郎左衛門が、内蔵助と同道して江戸に下った時の往来馬銀。但し旅籠・江戸滞留雑用は内蔵助より支払い。

㉑金八両
奥野将監を江戸に下らせた時の道中往来路銀。

㉒金十六両二分二朱・銀三匁六分

原惣右衛門を江戸へ遣わした時の道中往来路銀・旅籠・江戸滞留雑用。

㉓金二両二分・銀三匁五分

大高源五を進藤と同道させ江戸へ指し下した時の片道の路銀・旅籠銀。

㉔金七両二分二朱・銀六匁五分

大高源五の江戸滞留中雑用。および原と同道して上方へ戻った際の道中路銀・旅籠銀。

総計は、金七十八両一分二朱と銀四十二匁になる。

出金は八件に分かれているが、じつは、「進藤と大高」、「原と潮田」、「内蔵助と岡本、奥野」の三組で行動している。しかし、それにもかかわらず、⑯の進藤への旅費出金の記載と㉓の大高への出金の記載が離れている。これは、内蔵助が江戸に下ってから、旅費を立て替えていた大高へ出金したものとも推測される。時間を追って整然と記載されていないことは、逆にこの記載の信憑性を示していると思われる。

これらの旅費は、元禄十四年九月から同年十一月頃までの支出だと推定される。この三グループの江戸下向は、何を目的に、どのような順番でなされたのだろうか。この頃、江戸にいて、上方から下ってきた者とたびたび話し合いをしている堀部安兵衛の『堀部武庸筆記』によって見て行こう。

暴発阻止の江戸派遣

江戸急進派の堀部安兵衛、奥田孫太夫、高田郡兵衛の三名と、上方の同志たちの書状によるやりとりは、次のようなものである。

吉良邸が本所に屋敷替えになるらしいとの情報を得て、安兵衛ら三名は八月十九日付で上方へ、「浅野内匠頭の家来が吉良の屋敷に討ち入りをかけるに違いない」と江戸の町人たちが噂していることを伝えた。そして、上方の者が煮え切らないので、上方へのぼって内蔵助らを説得し、討ち入りの方針を決めさせようと支度していた。

ところが、上方から、原惣右衛門が江戸へ下るという知らせが来た。物頭をつとめていた原は、同志の中でも中心的人物の一人である。

そこで三人は上方へのぼるのを止め、原が江戸に到着するのを待った。

原の江戸着は、十月初旬である。原に同道していたのは、潮田又之丞と中村勘助の二人だった。潮田の路銀は⑰にあるが、中村の路銀は記されていない。原の路銀が金十六両以上も支出されているので、中村の分はこの中に入っていたのだろう。

原と潮田の路銀を総計すると、金二十七両二分と銀五匁ほどを渡している。五分や一分三厘というような端数が出ているが、これはたいした額ではない。

また、旅費と言っても、右の出金のほとんどに、江戸滞在中の費用なども含まれているので、純粋な江戸―上方間の費用がどれほどであったのか、またその細目も分からないが、㉓を基準にすれば、一人分の片道旅費は総額で三両ほどであっただろう。そして、江戸―大坂間の平均的旅程を約二週間とみれば、一日の費用は現代のお金にして約二万五千円ほど、宿泊代が一泊約一万円、駕籠賃などの交通費と食費が合わせて一日一万五千円ほどということになるだろうか。元禄の世でもこれは余裕のある旅だと言える。

さて、原が江戸へ出てくると、堀部安兵衛ら三人は原の旅籠に出向いて話し合い、意気投合した。安兵衛は、江戸に逗留しているうちにともに鎌倉を見物し、鶴岡八幡宮に亡君の敵を討てるよう立願しようと提案した。原たちも同意し、十月七日に江戸を発つことに決めた。

すると、上方から書状が来て、進藤源四郎が大高源五とともに、来る七日頃に江戸着の予定だと知らせてきた。進藤は内蔵助の大叔母の子で、原より上席の物頭である。進藤の江戸下向が、内蔵助の指示を受けたものであることは明白だった。そこで原たち六人は、鎌倉行きを中止し、進藤を待つことにした。

進藤は、大高を連れ、十月八日に江戸に到着した。

進藤が江戸に来た時の費用は、先に記したように金九両と銀六匁である。

大高源五は、進藤と江戸に下る片道の路銀と旅籠代として、金二両二分と銀三匁五分を渡されている。そして、のちに、江戸滞在中の費用と上方へ帰る時の費用として、金七両二分二朱と銀六匁五分を渡されている。大高の分で金十両二朱と銀十匁になり、進藤と大高の路銀等を総計すると、金十九両二朱と銀十六匁となる。

さて、待ちかねていた堀部安兵衛らは、進藤と大高に討ち入りのことを語った。二人は、「上方で我々が考えていたこととは違い、堀部殿らの考えは尤《もっと》もだ」と了承し、さっそく「大石殿を呼ぼう」ということになった。

そこで、十月九日昼、町飛脚を仕立て、江戸からその旨を内蔵助に申し送った。町飛脚は、道中六日で山科に着いている。

その後も、江戸の者たちは何度も寄り集まって相談を重ねた。しかし、上方から下ってきた者とは、討ち入りに対して微妙に姿勢が違った。そこで安兵衛は、気持ちの強い者だけを集めて起請文を取り交わそうとした。そこで呼ばれたのが、潮田又之丞、中村勘助、大高源五、そして討ち入りに参加するために自身の考えで江戸へやってきた武林唯七の四人だった。

四人は、「起請文は取り交わしたいが、これ以後、大石殿を始めとして大勢が江戸に下ってくるから、その時にしよう」と言い、この時は起請文を取り交わさなかった。

内蔵助も江戸へ

内蔵助は、十月五日付の書状で、安兵衛らに「まだるく思し召し候とも、時節を御見合わせなさるべく候」と自重を促した。これに対する返事は書き留められていないが、江戸に集まった者たちだけで、すぐにでも討ち入りを敢行しかねない様子だった。
それを伝える進藤からの「飛札《ひさつ》」（町飛脚による速達書状）は、十月十五日に山科に届いた。書状を読んだ内蔵助は、あわてて四、五日の支度で山科を出立し、十一月三日に江戸へ着いた。内蔵助には奥野将監、河村伝兵衛、岡本次郎左衛門、中村清右衛門らが同道していた。彼らは、原や進藤とともに赤穂藩で番頭や物頭などを務めていた中枢家臣のグループである。

内蔵助が岡本次郎左衛門とともに江戸へ下った旅費は、金二十一両一分と銀十匁四分二厘である。岡本には、往来馬銀として、金二両二分と銀十匁四分を渡した。岡本の旅籠代や江戸滞在費用は、内蔵助が支払ったとあるので、二人で総計金二十三両三分と銀二十匁ほどである。

奥野将監には、金八両を渡している。奥野の項の末尾には、通例の「手形有」だけではなく、「但し道中差し引きの目録出さず」と記されている。途中で脱盟したためなのか、奥野だけは出張精算書を提出しなかったようである（㉑）。

また、内蔵助に同道した河村、中村の分の旅費は記されていない。これは、⑱の金二十一両余の中に含まれているものと推測される。

十一月四日、堀部安兵衛、奥田孫太夫、高田郡兵衛の三人が、江戸へ出てきた内蔵助の旅宿を訪ねたところ、あらためて皆集まって今後の方針を議論することになった。

そして、約束どおり安兵衛ら三人は、ふたたび内蔵助の旅宿を訪ねた。内蔵助のほか、中枢家臣グループの奥野将監、河村伝兵衛、進藤源四郎、原惣右衛門、岡本次郎左衛門がおり、次の間には潮田又之丞、中村勘助、大高源五、武林唯七、勝田新左衛門、中村清右衛門が控えていた。

江戸の三人の主張は、来年三月に討ち入りを決行することをこの場で約束してほしい、というものだった。

これに対して内蔵助は、「三月と決めるには及ばない」と返答した。それより前に時節が来ることもあるのだから、その時に一同が申し合わせればよいのではないか、というのである。

しかし、安兵衛らは、「是非とも三月と決めてほしい」と譲らなかった。三月は亡君の一周忌なので、その時の状況により一、二ヶ月は見合わせることもあるかもしれないが、とにかく期日を決めないと一同の決心が固まらない、というのである。

内蔵助は、それでは来春早々に再び江戸に下り、相談しようと答えた。

それに対して進藤は、「江戸に大勢集まると世間の評判になるので、京都の円山《まるやま》あたりで会合することにしよう」と持ちかけた。内蔵助もこれに賛同して、元禄十五年三月に京都で会合を持ち、そこで具体的な討ち入りの日程を決めることになった。次の間に控えていた潮田らは、この議論には参加せず、内蔵助ら幹部と安兵衛ら急進派の合議の決定を聞くのみだった。

こうして江戸急進派と江戸へ来てそれに同心するようになった上方の者たちによる暴発は、どうにか押さえることができた。しかし一面では、内蔵助が討ち入りに同意した会談でもあった。

『金銀請払帳』に戻ると、内蔵助は江戸急進派を押さえるために、金七十八両一分二朱と銀四十二匁もの出金をしている。現代ならば一千万円ほどの出費である。

江戸アジトの購入費

内蔵助は、右の会談のあと、赤穂城受け取りの上使であった荒木十左衛門と榊原采女に挨拶するため、十一月二十三日まで江戸に逗留した。

それに先だって二十二日には、進藤、潮田、中村勘助、中村清右衛門が、上方へ出立しているが、原と大高は、江戸へ来た者が使う家屋敷を取得する相談のため、江戸に残った。

『堀部武庸筆記』には、次のように記されている。

「原惣右衛門・大高源五両人は、家屋敷を相求め候相談のため、跡に残る。家屋敷共に六拾五両に相求む。十二月二十五日、この両人は江戸表出足す」

一方、『金銀請払帳』には、次のような記載がある。

㉕ 一、金七拾両　　江戸三田屋敷調《ととの》え代、則《すなわ》ち家売証文三枚別封有り。

『金銀請払帳』と『堀部武庸筆記』では、そこに五両の誤差があるが、内蔵助は諸経費などを含めて七十両を渡しておいたのだろう。この屋敷は、赤穂藩の御用を務めていた「日用頭《ひようがしら》」（日雇いの者の斡旋業者）で芝に住んでいた前川忠太夫《まえかわちゅうだゆう》が探してきたものだった。『金銀請払帳』には、前川忠太夫が、以前どおりに旧藩士の用事を勤め、江戸に下向した者の借宅などを用意してくれたことに対し、千疋（金二両二分）の褒美をとらせていることが見える（⑳）。

　この三田の屋敷には破損箇所があり、内蔵助は修理をして使おうと考えていた。ところが翌年二月に付近で火事があり、この屋敷は無事だったものの、将軍の別荘である白《しろ》金《がね》御《ご》殿《てん》（現在の港区南麻布四丁目周辺にあった）が類焼した。そのため周辺の町屋は、御殿の修理普請のための御用地になる可能性が出てきて、普請が禁じられてしまう。安兵衛は、「不都合なる事、気の毒申すばかりなく候」（三月九日付、奥田孫太夫他宛書状）と嘆息している。七十両も使った屋敷は、結局は活用できないまま終わるのである。

　こうして元禄十四年の暮れまでに、あらたに百五十両ほどの金が消えていった。仏事などに使った百八十両と合わせて三百三十両ほどを使っているが、内蔵助の手元には、まだ三百六十両ほどが残っていることになる。

2　同志たちへの手当

上方同志の生煮え

屋敷を購入するために江戸に残っていた原惣右衛門と大高源五は、元禄十四年十二月二十五日昼頃、江戸を発った。これほど遅くなったのは、大高が病気にかかり、なかなかよくならないためだった。

田代丈庵《たしろじょうあん》という町医者の薬でようやく軽快した大高は、原と共に江戸を発った。道中、だんだんと体調もよくなっていったため、急ぐ旅でもないので伊勢神宮に参拝し、年が変わった元禄十五年の正月九日に京都へ着いた。

ちなみに大高への出金については、『金銀請払帳』の最後の方に、次の項目がある。

㊈一、金拾弐両壱歩　　大高源五、巳の秋江戸へ遣わし候節、相渡す路銀の
銀四匁五分　　余り納らず。則ち手形有り。

大高は、すでに十両あまりを受け取っていたが、江戸に長く逗留していたためか、そのほかに十二両ほどのお金を渡されていたものの、その残金を精算できなかったようである。

さて、原と大高は、京都に着いた翌日、山科の内蔵助を訪ねて江戸の首尾を報告した。そして、正月十一日には、小山源五左衛門、進藤源四郎、岡本次郎左衛門、小野寺十内が山科へ来て、会議を行った。

この会議には、矢頭右衛門七も参加している。弱冠十七歳の右衛門七は、病に倒れた父矢頭長助の代理で、大坂から山科へ来たのだった（長助は同年十月頃に病死）。

原と大高は、江戸に逗留している時、堀部安兵衛らと申し合わせたことや、自分たちの考えを話した。この時は、討ち入りの決意を固めようということになった。

ところが、同月十四日、瑞光院へ仏参した帰りに、赤穂藩医だった寺井《てらい》玄渓《げんけい》の屋敷に

集まり、今後の方針を話し合った時、上方の幹部グループは、原や大高の意に反して「何共《なんとも》〳〵なまにえ《（生煮え）》」の態度だった。とくに小山が、「以《もっ》ての外不了簡《ほかぶりょうけん》」だったという。

堀部安兵衛は、正月二十六日付の書状で小山に、「内蔵助殿御承引なく候ても、二十人これ有り候はば、三月中に是非押し込み、（吉良）父子の首はこの方のもの」とその心中を明かしている。それほど小山を信用していたから、これを大高の書状で伝え聞いた安兵衛は、「この男、内《うち》また膏薬《こうやく》かと存《ぞんじ》候」と吐き捨てている。「内股膏薬」とは、内股に塗った膏薬が、右足にも左足にも付くことから、定見がなく、あてにできない人物であることを皮肉った表現である。

五十五両の逗留費用

これらの会議を経て、上方と江戸の同志の意思疎通のため、先に派遣が決まっていた岡島八十右衛門のほかに、吉田忠左衛門と近松勘六を江戸に差し下すことにした。吉田は物頭で、討ち入った同志の中では連盟状の血判が内蔵助に次ぐ二番目に位置する。大高は、吉田の心底はよくはわからないが、近松は「金石《きんせき》の仁《じん》」だと評している。

内蔵助とすれば、江戸の同志たちの暴発を押さえるため、信頼する吉田を送り込んだのだろう。当初から長期にわたると思われた吉田の江戸逗留のため、内蔵助は左記の出金をした。

⑪ 一、金弐拾両弐歩　　吉田忠左衛門を江戸へ指し下す路銀・江戸逗留中雑
　　銀六匁九分壱厘　　用渡す。手形有り。

三月五日、吉田らは江戸に到着し、松本町（現在の港区芝三丁目）の旅宿を経て、前川忠太夫の家に落ち着いた。すぐに堀部安兵衛へ手紙を書き、八日に安兵衛とその父弥兵衛との会談をもった。

吉田が伝えた内蔵助の考えは、次のようなものだった。

「とにかく、木挽町《こびきちょう》（浅野大学のこと）の安否がわからないうちに討ち入りをするのは了承できない。来年三月、亡君の三回忌までを目途としたい。その時は、どんな事情があっても江戸に下り、討ち入りを決意する覚悟である」

これに対しては堀部父子も、同意せざるを得なかった。

木挽町は、現在の中央区銀座周辺で、浅野大学はそこにあった旗本屋敷で閉門の日々をおくっていたのである。

この後、吉田は糀《麹》町に住居（現在の千代田区平河町一丁目周辺）を移し、田《た》口《ぐち》一真《かずま》と名乗ってずっと江戸に滞在した。吉田の住居は、江戸の同志や上方から江戸へ来る同志の拠点となった。

『金銀請払帳』を見ると、次の出金がある。

⑨② 一、金五拾四両三歩　吉田忠左衛門在江戸中諸事《しょじ》入用《いりよう》、並びに面々へ相渡
　　銀九匁壱分五厘　し候飯料・借宅代、同人渡す。手形有り。

五十両を超える出金が吉田に託されていたことがわかる。おそらく吉田は、この金で江戸の同志の世話をして、内蔵助の江戸下向までしのいでいたのであろう。

また、江戸に下向させることが決まっていた岡島八十右衛門は、病気のため江戸に下

るのが困難になった。そのため、内蔵助は代わりに神崎与五郎を下すことにした。神崎に渡した金もかなりの額である。

⑮ 一、金弐拾壱両弐歩　神崎与五郎江戸へ罷り下る道中路銀、並びに滞留雑
　　銀拾壱匁三分　　用渡す。目録有り。

神崎の江戸逗留も、吉田と同様に、長期にわたると予想されたためだろう。

四月に江戸に着いた神崎は、『江赤見聞記』によると、扇子の地紙売りとなり、麻布谷町（現在の港区赤坂二丁目周辺）に居を定めた。

神崎の住んだ借家の大家は、吉良家に仕える徒士の者の伯父だった。うまくいけば、この大家の口利きで吉良家の中間《ちゅうげん》にでもなり、屋敷内をさぐろうと考えていたが、うまくいかなかった。そこで、今度は本所の吉良邸の向かいへ転居し、小豆屋《あずきや》善兵衛《ぜんひょうえ》と名乗って、蜜柑《みかん》などを売る店を出した。

神崎は、五両三人扶持の軽輩だから、手持ちのお金はあまりなかったはずである。店

を出すための資金には、内蔵助からの出金が役に立っただろう。中間になろうとしたり、商人になったりと、浪人中、あまり武士身分にこだわらなかったのは、もともと軽輩だったためかもしれない。

なお、大高、吉田、神崎への出金は、『金銀請払帳』の記載順ではかなり終盤にあり、討ち入り準備が進む元禄十五年十月以降に支出されたことが確かなものにまぎれて記載されている。内蔵助は、すでに出金していたものを、手形（領収書）をもとに書き入れたのだろう。『金銀請払帳』の記載は、出金のたびにきちんと書き入れるほど几帳面なものではなかったようである。

安兵衛の焦り

大高の書状で上方の同志の「生煮え」の態度を聞いた堀部安兵衛は、「二年も三年も、五年もかかりそうで力落ちる」と消沈した。二月十一日には、内蔵助からも書状が来たが、これは、「しんじつの御《お》仲間《なかま》に候はば、猶又《なおまた》随分穏便に」と自重を促すものだった。

安兵衛は、上方に帰った原や大高から、討ち入りの決意が決まったから、すぐにでも上方に出てくるように、という書状が来るものだと思っていた。しかし、案に相違して、そういう状況ではなかったことを思い知らされたのである。

同日に着いた原からの書状には、知らせなくても二月になれば上方に来ると思っていた、と書かれていた。原の方では、安兵衛らが説得のために、上方に来ると考えていたようである。

安兵衛は、亡君の一周忌に上方へ行くという計画を延期することにした。

三月一日、赤穂の国元にいた同志の中では最も急進的な武林唯七が、元禄十四年の冬から同志に加わっていた不破数右衛門とともに大坂へ着いた。

武林と不破は、江戸・浅草の茶屋で、倉橋伝助、前原伊助、勝田新左衛門、杉野十平次の六人で決意を固め、盃を取り交わしており、その後、上方へ来たのである。武林は矢頭の家に身を寄せた。

武林は、上方で同志を糾合し、再び江戸に下ろうとしていたのだが、原から上方の同志の様子を聞き、「この表《おもて》の様子、合点《がてん》参らざること多く御座候」と堀部安兵衛に不満の手紙を送っている。

しかし、原は態度のはっきりしている武林に影響され、安兵衛の分派行動の方針を支持するようになった。中小姓で近習だった武林は、知行取りの者以上に急進的で、穏健派を突き上げる役割を担った。彼は、豊臣秀吉の朝鮮出兵の際、捕虜となった中国人医者孟二寛という者の孫で、中国浙江省の武林の出身であることから武林を名乗ったという。

四月二日、原は安兵衛へ、「上方で申し合わせた者たちから離れ、宿意を遂げたいと思います。内蔵助殿をはじめとして上方の者を大勢除けば、木挽町にとがめは及ばないでしょう」と手紙を送った。

これに対し安兵衛は、五月三日付の書状で「必死の者が十四、五人揃えば、本望《ほんもう》を達することができると思っています」と答えた。こうして、江戸と上方の急進派が、内蔵助の意思を離れて行動する可能性が高まっていった。

内蔵助の慰撫

こうした状況を見た内蔵助は、五月二十一日、江戸の堀部弥兵衛・安兵衛父子に手紙を送り、来年三月には江戸に下るから、それまでは「率爾《そつじ》」の働きをしないように、と要請した。

しかし、安兵衛は、急進派だけでの決起に傾いていった。江戸では、奥田孫太夫のほか、倉橋伝助、前原伊助、勝田新左衛門、杉野十平次らが、志の確かな者たちだった。

六月十二日には、原惣右衛門、潮田又之丞、中村勘助、大高源五、武林唯七に宛て、かねがね申し談じたように離れての企てをお考えなさってくださいと申し送り、「存じ切りたる真実の者拾人もこれ有り候はば、心安く本望は相違すべくと存じ候」と書いている。

二十人が十四、五人に、さらには十人になっているが、とにかく信頼できる者だけで討ち入ろうというのである。

そして、「三月と申しても今少しの事です」となだめる内蔵助に対しては、「私どもが相談して討ち入りを決したならば、一応は御案内を申し上げる覚悟でおります」と六月十五日付の書状で書き送った。

同志は、ほとんど分裂寸前になっていた。

時期は定かでないが、記載順から推測すれば元禄十五年の早い時期に、内蔵助は、小野寺十内とともに大垣へ行っている。大垣には、浅野家の親類である譜代大名の戸田采女正氏定の城がある。

㉛ 一、金弐両壱歩　内蔵助、小野寺十内同道にて、美濃大垣へ罷り越す。
　　銀弐匁八分　往来路銀・駕籠賃、十内旅籠共に。手形有り。

㉜ 一、銀弐拾四匁七分　右大垣へ参り候節、小野寺十内馬銀に渡す。手形有り。

同道の小野寺はもと京都留守居である。内蔵助は戸田家から幕府内の情勢を聞き、重ねて浅野家再興への助力を要請したものと思われる。

内蔵助はもと家老の身分であるため、こうした旅行の時は駕籠を使ったようである。

また小野寺は六十歳と高齢のため、馬を雇ったのであろう。上方から大垣までの馬銀は、二十四匁七分。現在の価格に換算すれば五万円ほどで、意外に安価である。

「飢渇」に及ぶ同志

『金銀請払帳』には、右と同じ頃から同志への「生活補助」の出金が散見されるようになっていく。

内蔵助は、馬廻だった千馬三郎兵衛と、その知友で「心易《こころやす》き浪人」の瀧立仙《たきりゅうせん》を江戸に下している。四月十二日のことである。瀧は浪人ながら「好《よ》き手筋《てすじ》これ有る仁《じん》」だということで、「江戸表働き」を期待したものだった（『寺坂信行筆記』）。おそらく、吉良の様子を探ろうとしたのだろう。

瀧には、江戸行きの用意のために金十両(27)、また路銀として金三両を渡し(28)、千馬には、江戸へ行くための「用意 幷《ならびに》 路銀」として、金五両二分を渡した(29)。これは千馬が「不勝手之者《ふかってのもの》」、つまり経済的に困窮している者だったため、路銀の三両のほかに、旅に出る準備のための二両二分を余計に渡したのである。

また、祐筆《ゆうひつ》（物書役）だった中村勘助は、討ち入りに先だって妻子を実家の奥州白河に引っ越しさせることにし、上方を五月下旬に出ていたが、「勝手指し詰まり難儀に及び候段」を聞き、内蔵助は金五両を「引料《ひきりょう》」（引っ越し費用）として渡した㉚。

さらに、江戸の千馬と神崎与五郎が「飢渇《きかつ》」しているということで、内蔵助は「原惣右衛門、岡本次郎左衛門、相談の上」、金六両と銀三十目を渡している㉟。ほかに、三村次郎左衛門にも「勝手不如意」のため金三両を遣わし㊱、矢頭右衛門七も「飢渇に及」んだため、進藤源四郎と岡本に相談して、金三両を遣わしている㊲。

これらの出金は、原、進藤、岡本らと相談して決められているので、まだ進藤らが同志から脱盟する閏《うるう》八月より前のことであることが分かる。生活補助は、特定の同志への援助になるので、内蔵助は自分の独断で支出することはせず、できるだけ幹部グループの同意、承認をとろうとしていたのだろう。

なお、物頭の地位にあった原惣右衛門も「勝手難儀」となり、それを聞いた内蔵助は、金十両を遣わしている㊻。原は、江戸に出てきた時から、体に痛みがあったという。すでに五十五歳になっていたから、リューマチなどかもしれない。そのためだろうか、原が堀部安兵衛に宛てた五月二十日付の書状には有馬温泉に湯治に行っていることが見える。こうした事情で物入りも多かったのだろう。

「不勝手之者」、「勝手難儀」、「勝手不如意」、「飢渇に及ぶ」、それぞれの言葉にどれほどのニュアンスの使い分けがあるかは判然としないが、いずれも有体《ありてい》に言えば貧乏しているということである。赤穂を退去してから約一年が過ぎ、割賦金などの蓄えも尽きはじめたのだろう。『金銀請払帳』では、その最後の方まで、「無拠入用《よんどころなきいりよう》」「勝手指詰り」などの理由で、生活援助の出金が続いて行く。

安兵衛の出京

千馬らへの生活補助費の記載の後、『金銀請払帳』には、横川勘平を「早道にて江戸へ指し下す路銀、三歩（分）は京都滞留雑用」として、金六両三分の出金がある（38）。

元禄十五年六月までに、堀部安兵衛らは、上方の急進派である原惣右衛門や武林唯七らを巻き込み、少数で討ち入りを敢行しようと決意していた。内蔵助は、横川勘平を江戸に急行させ、それを押さえようとしたのだろう。

この出金に続き、次のような記載がある。

㊴一、金四両弐歩　堀部安兵衛、江戸より内談のため罷り上る往来路銀、京都滞留雑用。手形有り。

ちなみに、五月二十日付の原惣右衛門の書状には、内蔵助が妻の実家に妻子を預け、嫡男の主税と山科の家に帰って来たことが書いてある。『堀部武庸筆記』は、この原の書状の写で終わっている。安兵衛は、「来年三月に」と結論を先延ばしにする内蔵助の態度に反発しながら、妻や子供を但州豊岡に遣わしたことに、あるいは若干の希望を持って京へ上ることにしたのかもしれない。

内蔵助の「遊興」

しかし、この頃から内蔵助の遊興が始まっている。時代劇や小説などでも京における内蔵助の遊興ぶりはよく描かれるところだが、じつは史料として内蔵助の遊興を書いているのは、『江赤見聞記』だけである。

内蔵助事、全く活気なる生まれ付き故、京都において遊山見物《ゆさんけんぶつ》等の事に付き、宜《よろ》しからざる行跡もこれ有り。金銀等もおしまず遣い捨て申し候。此事を、古風なる源四郎・源五右《（左）》衛門など、つよくきのどくがり、異見《いけん》等も切々申し候。大切の身にて如何様《いかよう》の虚事《そらごと》これあるべくも計《はか》り難《がた》く候。又、此の後、金銀も入用数多《いりようあまた》これあるべきにて、右の不行跡、千万《せんばん》悔やみ申し候由。

――内蔵助は、まったく活発な性格だったので、京都において遊山見物などのことで、あまりよくない行跡もあった。金銀なども惜しまずに浪費していた。この事を、古風な性格の進藤源四郎や小山源五左衛門などは、たいへん残念に思い、いつも意見をしていた。大事を控えた大切な身で、どのような思いがけないこともあるかもわからない。また、金銀も今後たくさん必要なはずなのに、そのような不行跡は、たいへん悔やまれることだだと（進藤や小山は内蔵助を）諫めたそうだ。

右のように書かれているのは「遊山・見物等の事」であって、茶屋での芸者遊びなどがあったかどうかははっきりしない。ただし、「金銀等もおしまず遣い捨て」と書いているところを見ると、かなりお金がかかる遊びもしていたようだ。

ただし、『金銀請払帳』には、内蔵助の遊興にかかわる出金はまったくない。内蔵助が落合与左衛門に宛てた書状にも、「毛頭《もうとう》自分用事に仕り候儀御座無く候」と書いているので、このような出費は、当然、自分のお金でしたのである。

この頃の目立つ出費に、伊勢神宮への祈禱料と書状の飛脚賃がある。御師《おんし》（参詣、祈禱を案内する神職）の多田和泉守という者への「御祈禱料」と、「書状賃銀」（飛脚賃）を京都の綿屋《わたや》善《ぜん》右衛《え》門《もん》という商人へ渡している㊵。合わせて銀二百六十一匁六分だが、まとめ払いなのでその内訳はわからない。現代の価値に換算すれば五十二万円ほどになる。

分派行動への出金

六月十八日に江戸を出た堀部安兵衛は、同月二十九日に京都に着いた。

伏見で大高と会い、大坂では原と会って相談を重ねた。そして、同志が二十人もいれば十分だから、内蔵助からは了承だけを得て江戸へ帰り、自分たちだけで吉良邸に討ち入ろうと決意を固めた。

これは全くの分派行動だから、内蔵助が管理する軍資金から出金される筋合いの経費ではない。それが、こうして記されているところを見ると、これは内蔵助も討ち入りに同意した円山会議以後に、あらためて出金したものだと考えられる。

安兵衛への出金に続き、潮田又之丞と近松勘六の江戸—上方往復にかかる出金が記されていく。関係部分を列挙しておこう。

㊶一、金三歩弐朱　堀部安兵衛、潮田又之丞江戸へ指し下し、江戸者会
　　銀五匁五分五厘　談の節入用。両人手形有り。

㊷一、金八両壱歩　潮田又之丞、江戸へ使いに遣し候往来通《とお》し駕籠賃・
　　銀四分五厘　旅籠銀渡す。手形有り。

㊸一、金三両弐歩弐朱　近松勘六・潮田又之丞同道にて、江戸より罷り上り
銀三匁三分八厘　候片道通し駕籠・旅籠銀渡す。手形有り。

㊼一、金拾両弐歩弐朱　近松勘六、江戸へ指し下す路銀、滞留中雑用共渡す。
銀五匁八分五厘　手形有り。

右は、『金銀請払帳』の記載順通りだが、この事実関係は前後している。

まず、潮田又之丞は、五月末か六月初旬に安兵衛を説得するために江戸へ下っている。これは安兵衛の要請に応えるものでもあった（「五月十九日付、早水藤左衛門宛、堀部安兵衛書状」）。その出金が㊷で「通し駕籠」を使っている。これは、文字通り目的地まで通しで雇う駕籠のことである。

また、近松勘六は、すでに二月には、吉田忠左衛門とともに、江戸の急進派を押さえるため、江戸に下っていた。この時の費用が㊼だと思われる。十両を超える額から考えて、ある程度長く江戸に滞在することが予定されていたのだろう。

そして、近松は安兵衛が江戸から京へ向ったため、潮田とともにまた京に戻った。こ

れが㊸である。二人は、また通し駕籠を雇っている。

そして、次に述べる円山会議で、吉良邸討ち入りが決まったので、それを江戸の同志に知らせるため、潮田は、安兵衛とともにまた江戸に下っている。この時の旅費は記されていないが、㊷の額は往復旅費相当だから、その費用も含まれていたと推定される。そして、江戸で同志の者と会談するための費用が㊶である。

このあたりの『金銀請払帳』の記載は、時間の前後が目立つ。序章で述べたように、軍資金を受け取った者からの手形（領収書）を元にして、ある程度まとめて記入したものだということがここでも窺われる。

なお、この頃、「八構《ママ》布九疋」の代金として金二両三分二朱と銀四匁二分五厘の出金がある（㊽）。「八講布《はっこうぬの》」とは、越中、能登などで織られる上質の麻の白布（晒《さらし》）のことである。布一疋は布二反に同じで、一反は着物一着分の布地であるが、その購入目的は「此《こ》度入用《たびいりよう》」と記されているだけである。江戸の急進派の暴発を抑えるために、同志たちが上方から江戸へ相次いで向かおうとしている頃の支出なので、上方を離れるにあたって、寺社などへの挨拶の進物として使用したものかとも推測される。

3　江戸への片道切符

金一両の京都・円山会議

七月十八日、幕府若年寄の加藤越中守明英《かとうえっちゅうのかみあきひで》から浅野大学へ、同族の浅野長武《ながたけ》を同道し、自分の役宅へ出頭するようにとの命令が来た。長武は、初代赤穂藩主の長直のときに、藩領の飛地であった加東郡の家原《いえはら》を分知されて旗本となった家原浅野家の当主である。

大学が加藤邸へ出頭すると、他の若年寄も列座の場で、「閉門を赦免《しゃめん》し、松平安芸守（広島藩主浅野綱長）へお預け」との申し渡しがあった。閉門が赦免されたと言っても、これは実質的には改易処分で、大学が当主の旗本家は消滅することになる。大学が、赤穂浅野家の名跡を継ぐことなど、あり得なくなった。

このことは、吉田忠左衛門から上方へ急報され、同月二十四日には山科の内蔵助の元へ書状が届いた。上京中の安兵衛へも、奥田孫太夫から二十五日に知らされた。

安兵衛は、内蔵助と相談して、上方の同志へ集合の連絡を取り、京都・円山にある安養寺塔頭《たっちゅう》の重阿弥《ちょうあみ》という宿坊を借りて今後の対策について会議を開いた。

『金銀請払帳』には、次のような記載がある。

㊶　一、金壱両　　京丸山（円山）にて打ち寄り会談の入用十九人分、三村次郎左衛門支払い。手形有り。

会議が開かれたのは、七月二十八日である。短期間のうちに十九人が集まり、会議が開かれたのである。この時の費用が金一両だった。これは部屋を借りるだけでなく、料理なども頼んだものと思われ、支払いは元台所役人だった三村にさせている。

現代ならば、「会議費（室料、食事込）計十二万円」といったところだろうか。

さて、ここで討ち入りの方針が決まり、いよいよ同志たちは江戸へ下ることになったのである。

「神文返し」と残金二百両

討ち入りの方針が決定され、まず必要になるのは、赤穂など各地に住んでいる同志に連絡をとることだった。これには大高源五と貝賀弥左衛門があたった。

出金は、大高と貝賀を赤穂に遣わす路銀と滞在中の雑費として、金二両一分と銀五匁五分(44)。さらに大高に、赤穂へ遣わす路銀と滞在中の雑費として、金一両一分と銀四匁二分が渡されている(45)。大高は、二度、赤穂へ遣わされたのである。

また、これに関連して、原惣右衛門に渡した次の出金もある。

(62) 一、銀百三拾六匁五分四厘

原惣右衛門より書き出す方々飛脚賃銀、並びに路銀不足の面々遣わす、手形有り。

江戸下りが決まったため、原が書状を書き、それを方々に居住する同志たちへ送ったものだろう。また、内蔵助も奥野将監と近松勘六へ飛脚を送った。その費用が、金二分と銀五匁かかっている（63）。

ところが、元番頭の奥野将監は、内蔵助の右腕としていつも相談に与《あずか》っていたにもかかわらず、いよいよ江戸下りという段になって、何も言わずに脱盟していった。八月二十三日付で内蔵助が大高、貝賀へ宛てた書状によれば、この時、書状を遣わした相手は、奥野のほか十二人である。


内蔵助は、今後の方針につき書付を書き、大高と貝賀の両名にも口上書を書かせ、その旨を同志の者たちに示し、「一封」を渡させた。この一封というのは、同志から預かっていた神文（起請文）の署名の部分だけを切り取り、それを封に入れたものである。そして両名は、一封を受け取った者が、「これはどういう意味か」と尋ねたら、次のように応えるようにと内蔵助から命じられた。

「詳しくは存じません。まず、世間の風説がおびただしく、連判で大勢が何か企んでいることを御科《おとが》になされるようにも聞いているので、そのためではないでしょうか。拙者は、どのようになっても、それは仕方のないことだと思っております。なにとぞ皆さまも堅固になされ、かねての御所存を達せられるように致したいという気持ちもあります。この度の風説は困ったことで、まずは計画を止めるしかないと内蔵助様はお考えになっているようです。それぞれの考えで、江戸に下り、在府して時節を見合わせようとも、なにか行動を起こそうとも、お考え次第です」

つまり、内蔵助が計画を一時棚上げするようだから、それぞれも身の振り方を考えよ、ということを話し、それでもなお討ち入りに固執する者には、内蔵助の真意を話して、江戸へ下るように指示する、というものだった。これには、まず意思堅固な者を選抜するという意図があった。また、むやみに大勢が江戸に下るとなると、それだけ目立ってしまうので、それを避けたいという気持ちもあっただろう。

この間、大高は「勝手取り続き難く」なり、金十両の生活補助を受けている（66）。

軍資金の残額を見ると、すでに二百両を切っており、それぞれに江戸に下る旅費を支給するとなると、それだけでも足りなくなる恐れがあった。これは、そうしたことをすべて勘案した内蔵助の賭けだった。

中枢家臣グループの脱盟

『江赤見聞記』によれば、この「神文返し」を行う八月中旬までは、「一味同心の者」が百二十人余もいた。しかし、浅野大学が芸州広島藩にお預けとなり、関所での浪人改めが厳しく江戸に下ろうとした者が捕らえられたらしい、などの噂がおこると、同志の間にも慎重論が出てきた。

その中心になったのが、奥野将監、進藤源四郎、小山源五左衛門、河村伝兵衛ら、番頭や物頭など藩政の中枢にあった家臣のグループだった。彼らは次のような意見にまとまった。

「大変なことになった。今、軽率に江戸に下り、もし風説の通りだったら、心外な悪名を取ることになる。たとえ道中が無事であっても、その噂は江戸に聞こえることになろう。その上、吉良家の屋敷の用心が厳しければ、簡単には存念を達することはできないだろう。用心して、今の風説が収まるのを待ち、来春に延期するのがよい」（『江赤見聞記』）

さらに計画を延期しようというのである。しかし、これまで苦労して急進派を押さえてきた内蔵助には、彼らの意見を受け入れる余地はなかった。『江赤見聞記』には、次のように書かれている。

内蔵助殊《こと》の外《ほか》せき（急）候て、源四郎などが申し分聞き入れず、是非ともに下り候相談に相究め申し候。

――内蔵助はたいへん焦っており、源四郎らの言い分は聞き入れず、是非にでも今江戸に下ると相談をまとめました。

内蔵助が、かねてから頼りにしていた中枢家臣グループを切り捨て、賛同する者たちだけで江戸に下ろうとしたのは、すでに計画が動き始めていたためだが、その背後には、もはや軍資金も底をつき始めており、これ以上の延期が実質的に不可能だったという事情もあったと思われる。

最後の旅費は一人三両

大高、貝賀の両名を上方や赤穂にいる同志たちへ遣わした後、『金銀請払帳』は、江戸に下る同志たちへの旅費支給が続けて記載される。詳しくは巻末の載録を見ていただくとして、ここでは金額と人名だけを列挙する。

㊾金三分　岡野九十郎（但し、上京分のみ）
㊿金八両　岡野九十郎・武林唯七
51金二十一両　千馬三郎兵衛、中田理平次、中村清右衛門、間十次郎、岡島八十右衛門、鈴田重八、矢頭右衛門七
52金六両　杣庄喜斎（間喜兵衛の替名《かえな》）、大塚藤兵衛
53金九両二分　間瀬久太夫、同孫九郎
54金五両　小野寺幸右衛門
55金三両　茅野和助
56金三両　大石瀬左衛門
57金三両　矢野伊助

㊽金三両　　大高源五
㊾金三両二分　不破数右衛門
㊿金三両　　貝賀弥左衛門
(70)金三両　　中村勘助

江戸へ下る旅費は、一人金三両と決めていた。それ以上の支給がある者は、たとえば、武林唯七のように、「勝手不如意」を願い二両を余計に渡され（50）、あるいは小野寺幸右衛門のように、「拠《よんどころ》なき入用」ということで、二両を加えて渡されている（54）。おそらくは、両者ともそれまでの住居を引き払うにあたって、借金などを返したのであろう。また、間瀬久太夫には、京都滞在費用を含めて金四両、同孫九郎に金三両二分、そのほかに勝手不如意のため二両、計九両二分が渡されている（53）。そして、不破数右衛門にも、余計の二分は京都滞在費用として渡されている（59）。

また、江戸への道中で病気になった毛利小平太のため、武林唯七に医者代として金一両を持たせている（60）。武林には、「用事に付き」、江戸から藤沢への路銀など金一両も別途出金されている（69）。

元藩医への依頼

こうした江戸への路銀に前後して、内蔵助は赤穂藩の元藩医だった寺井玄渓に、瑞光院へ寄進した山のことについて後事を託して金十両を渡している（67）。この山のことでは、後に瑤泉院の用人である落合与左衛門にも同様の依頼をしているが、亡君の菩提を弔うことに関するため、内蔵助は最後まで気にかけている。

玄渓は、このころ京都に居住していたが、同志たちが江戸に下ると聞いて、是非自分も討ち入りに参加させて欲しいと内蔵助に頼んでいる。しかし、内蔵助は八月六日付の書状で、思い留まるようにと玄渓を説得している。

内蔵助が玄渓を討ち入りに加えなかった理由は、「元来御勤め方違い候《がんらいおつとめがたちがい》」というためだった。武芸ではなく医術で主君に仕える玄渓を同道すれば、万一にも内蔵助から玄渓を誘ったと人の口にのぼり、非難される可能性があった。それを避けたのである。玄渓もただ頼んだだけでは断られると思ったのか、戦場には医者が供奉《ぐぶ》するものですと理論武装していたが、「是はさすが戦場にはこれなく候」と内蔵助にいなされている。

このため、玄渓は参加をあきらめ、息子の玄達《げんたつ》を江戸へ同道させることにした。内蔵助はこれを受け入れ、玄達に江戸下りの費用として金三両を渡している（68）。同志には高齢者もおり、江戸に出てからも医者は必要だからであろう。

また、江戸へ度々遣わす「状賃銀」、つまり書状を送る通信費として銀十五匁七分五厘を玄渓に渡すという出金項目もある（64）。内蔵助らが直接手紙を出すと目立つので、玄渓を通して江戸へ手紙を送ることが、頻繁にあったのだろう。

玄渓、玄達への出金も含め、同志たちが江戸に下るための費用と「勝手不如意」のための生活援助を合計すると、八十五両ほどになる。

注目すべきなのは、『金銀請払帳』に、内蔵助一行の江戸下り費用が一切計上されていないことである。『江赤見聞記』などによれば、内蔵助は、潮田又之丞、近松勘六、三村次郎左衛門のほか、自分の家臣二人を連れて江戸に下っているのだが、乏しくなった軍資金のことを考え、それらの経費をすべて自分のお金で賄ったものと思われる。

このとき、内蔵助の手元にある軍資金はすでに六十両ほどしかなかった。

第四章　討ち入りの収支決算

1　江戸の生活と武器購入

同志たちの江戸集結

京都・円山の会議で吉良邸討ち入りを決した後、大石内蔵助率いる赤穂浅野家旧臣の同志たちは、それぞれに準備して、江戸へと下っていった。

閏《うるう》八月二十五日、岡野金右衛門、武林唯七、毛利小平太が江戸に着き、九月二日には、吉田澤右衛門、間瀬孫九郎、不破数右衛門が、続いて九月二十日には、木村岡右衛門が、十月二十四日には、大石主税、間瀬久太夫、茅野和助、大石瀬左衛門、矢野伊助が江戸に着いた。

内蔵助は、自分より先に嫡子の主税を江戸へ遣わしたのである。これは、自分の決心が変わらないことを同志に示す人質の意味も持っていた。

引き続いて、十月十七日には同志のナンバー3である原惣右衛門を始めとして、貝賀弥左衛門、岡島八十右衛門、間喜兵衛らが、十九日には、小野寺十内が江戸に着いた。

十月七日に京都を出発していた内蔵助は、同月二十一日に箱根へ着き、箱根権現（現在の箱根神社）にお参りをしている。

箱根権現は、『曾我物語』によって江戸時代でも有名だった曾我兄弟が、その仇討ちの成功を祈願したことでよく知られていたので、内蔵助もその故事に倣って主君の仇討ちの成功を祈願したのであろう。内蔵助は近くにある曾我兄弟の墓にも詣り、墓石を少し欠いて紙に包み、封をして懐中に入れたという。

翌日、内蔵助は鎌倉に到着した。江戸にいた吉田忠左衛門は、この日早朝、内蔵助を迎えるために鎌倉に赴いていた。内蔵助は、忠左衛門とともに鶴岡八幡宮に詣り、ここでも討ち入り成功を祈願し、その後、忠左衛門と討ち入り計画を相談した。

十月二十五日には、鎌倉を出て神奈川宿に泊まった。『金銀請払帳』には、次のような記述がある。

⑮ 一、銭弐貫八拾文

冨森助右衛門、中村勘助両人、内蔵助宿平間村へ案内として、金川《神奈川》まで罷り出候路銀・旅籠渡《賃》す。両人手形有り。

これは、二十六日、冨森と中村が、神奈川宿まで内蔵助を出迎え、川崎宿の近くの平間村にあった冨森助右衛門の家に案内した時の出金である。

神奈川宿は現在のJR東神奈川駅周辺、川崎宿は同川崎駅周辺になる。平間村の家は、赤穂藩の江戸藩邸に出入りしていた平間村の者の伝手で、江戸詰めの馬廻だった冨森が、小屋掛けして浪人暮らしをしていた場所だった。

内蔵助は、しばらくこの家を隠れ家にして、討ち入りの計画を練った。

⑯ 一、金四両
銭三百五拾文

内蔵助宿、平間村入用、諸道具調代、冨森助右衛門に渡す。手形有り。

平間村に滞在している間の生活費と、諸道具の調達費である。

その後、内蔵助は江戸に入り、日本橋石町《にほんばしこくちょう》の長屋に居を定めたが、この平間村の家はその後もアジトとして維持されており、吉田忠左衛門が家来を「平間村へ用事に付き」遣わした路銀、五百二十五文（91）の出金がある。

住所は石町三丁目南側小山屋弥兵衛裏店である。吉田忠左衛門の借宅にひとまず身を寄せたあと、訴訟のため上方から江戸に出てきた者と触れ込んだ大石主税が、垣見左内を名乗ってこの店を借り、内蔵助は、その訴訟を援助するために来た左内の伯父、垣見五郎兵衛であると素性を偽った。そのほか、小野寺十内は医者となって仙北十庵を名乗るなど、ほとんどの者が「替名《かえな》」（変名）を使っての江戸入りだった。

すでに同志たちは江戸に入り、もともと江戸にいた者の長屋に身を寄せていた。その居所を『寺坂筆記』を中心に、「義士江戸宿所幷到着附」などで補って整理したものを次頁に一覧にして掲載しておく。

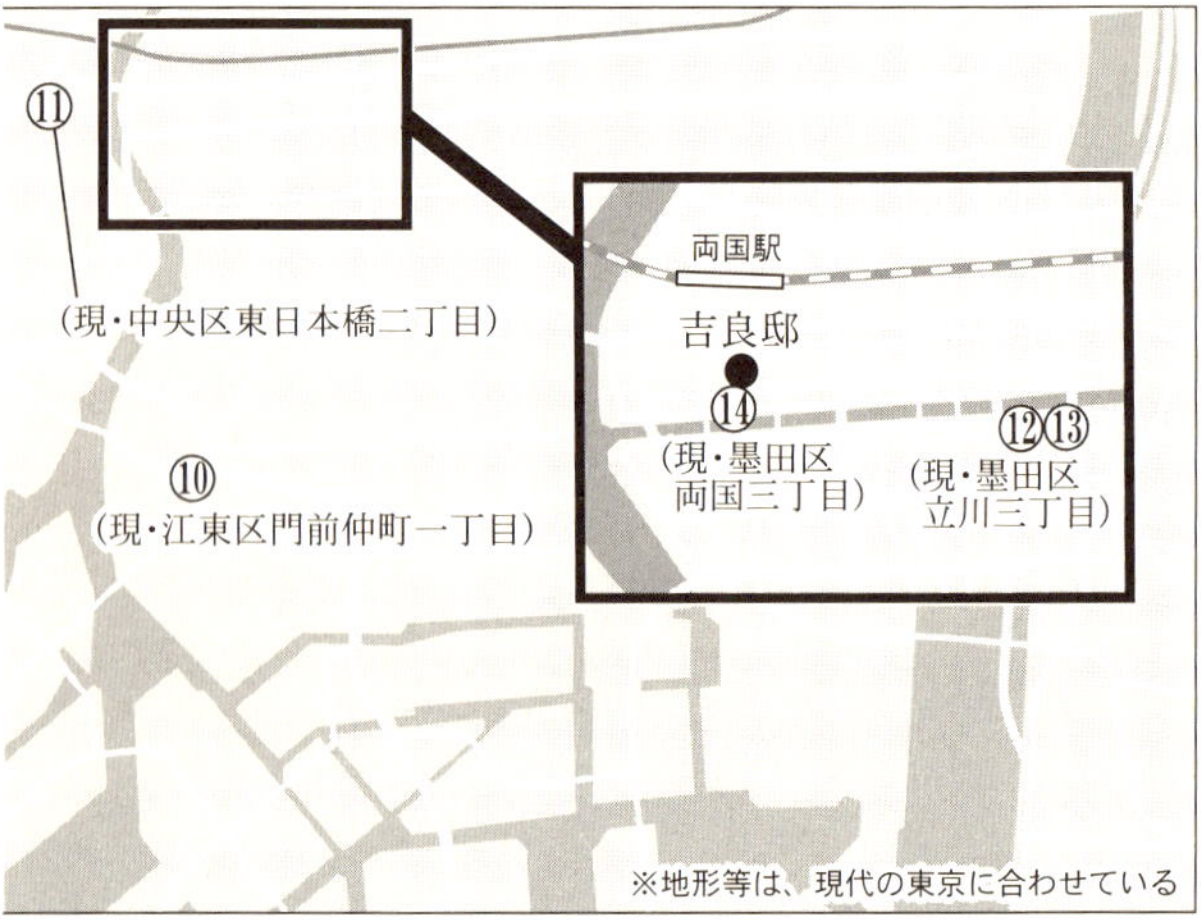

赤穂藩旧臣の討ち入り前の居所

※▲は借家名義人、×は脱落者。括弧内は替名。

①日本橋石町三丁目——小山屋弥兵衛裏店
▲大石主税（垣見左内）　大石内蔵助（垣見五郎兵衛）
小野寺十内（医者・仙北十庵）　近松勘六（森清助）
大石瀬左衛門（小田権六）　早水藤左衛門（曾我金介）
菅谷半之丞　潮田又之丞（深田斧右衛門）　三村次郎左衛門

②新糀町五丁目——大屋喜右衛門表店
▲吉田忠左衛門（田口一真）　吉田澤右衛門（田口左平太）
原惣右衛門（和田元真）　不破数右衛門（松井仁太夫）
寺坂吉右衛門（萬水）

③新糀町四丁目——和泉屋五郎兵衛店
▲中村勘助（山彦加兵衛）　間瀬久太夫（医者・三橋浄貞）
間瀬孫九郎（三橋小市郎）　岡野金右衛門（岡野九十郎）
小野寺幸右衛門（仙北又助）　岡島八十右衛門（郡武八郎）

④新糀町四丁目裏町——七郎右衛門店
▲千馬三郎兵衛（原三助）　間喜兵衛（杣庄喜斎）
間十次郎（杣庄伴七）　間新六　×中田理平次（中田藤内）

⑤新糀町五丁目——秋田屋権右衛門店
▲冨森助右衛門（山本七左衛門）—妻子同居

⑥芝通町三丁目浜松町——檜物屋惣兵衛店（後に⑫へ移る）
▲赤埴源蔵（高畑源野右衛門）　矢田五郎右衛門（塙武助）

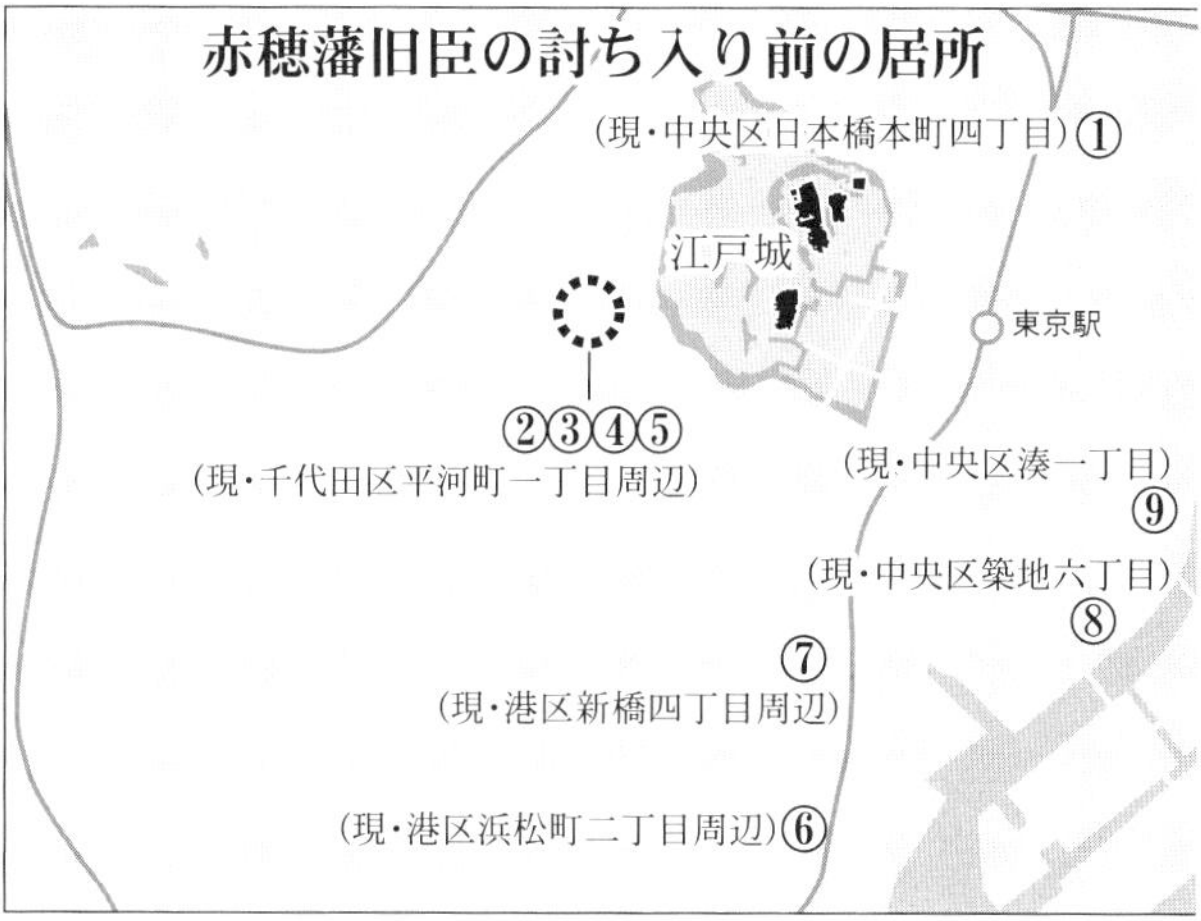

⑦芝源助町
▲磯貝十郎左衛門（内藤十郎左衛門）　茅野和助（富田藤吾）
⑧築地小田原町二丁目――四郎兵衛店
▲村松喜兵衛（村松隆円）―家族同居
⑨南八丁堀湊町
▲片岡源五右衛門（吉岡勝兵衛）　×田中貞四郎（医者・田中玄回）
大高源五（脇屋新兵衛）　貝賀弥左衛門
矢頭右衛門七（清水右衛門七）
⑩深川黒江町――搗米屋清右衛門店
▲奥田貞右衛門（西村丹下）　奥田孫太夫（西村清右衛門）
⑪両国矢之倉米沢町
▲堀部弥兵衛
⑫本所林町五丁目――江戸崎や三左衛門店
▲堀部安兵衛（長江長左衛門）　木村岡右衛門（石田左膳）
×小山田庄左衛門　×中村清右衛門　×鈴田重八
倉橋伝助（倉橋十左衛門）　×毛利小平太（木原武左衛門）
村松三太夫　横川勘平
⑬本所三ツ目横丁（徳右衛門町）――紀伊国屋店
▲杉野十平次（杉野九一右衛門）　勝田新左衛門
武林唯七（木村七郎左衛門）
▲⑭本所二ツ目相生町三丁目
▲前原伊助（米屋五兵衛）　神崎与五郎（小豆屋善兵衛）

借宅住まいの家賃補助

江戸に入った内蔵助を待っていたのは、借宅の家賃すら払えなくなっていた同志たちだった。まず、磯貝十郎左衛門に、九月、十月の二ヶ月分の「江戸宿代」として、金一両を渡している（(72)）。また、前原伊助が病気だったため、「服用之人参壱両代《ふくようのにんじんいちりょうだい》」として、薬用の朝鮮人参代に、金二分を磯貝に託している（(73)）。「人参一両」とは、価格のことではなく重量のことで、一両は約十五グラム。一グラム四千円と、わずかな分量でも非常に高価だったことがわかる。

また、神崎与五郎には、「江戸雑用銀」として、金一両を渡している（(74)）。

記載の順序から考えて、磯貝、前原、神崎への出金は、内蔵助が平間村にいた時のものだと考えられる。

では、江戸に居を定めてからの同志たちへの「宿代」（＝家賃）の補助を見ていこう。

(78)銀二十六匁　堀部安兵衛・倉橋十左衛門（伝助）・毛利小平太・横川勘平・村松三太夫（他に家来一人）、本所十月分家賃

(80)銭八百五十文　杉野十平次・勝田新左衛門・武林唯七（他に家来一人）、
本所十月分家賃

(82)銀二十四匁　間喜兵衛ら四人糀町借宅十月分家賃

(85)金二分・銀五匁　中村勘助ら四人糀町借宅十月分家賃

(86)銭二百四十文　中村勘助ら糀町借宅の番銭

(87)金二分二朱
銭四百三十八文　吉田忠左衛門糀町借宅十月分家賃・番銭

(90)銀十三匁八分　片岡源五右衛門湊町借宅十月分家賃

これまでと同じく、その現代での価値を換算すると、次のようになる。

堀部安兵衛本所家賃　五万二千円
杉野十平次本所家賃　二万五千五百円
間喜兵衛糀町家賃　四万八千円

中村勘助糀町家賃　七万円（番銭七千二百円）
吉田忠左衛門糀町家賃　七万五千円（番銭一万三千百四十円）
片岡源五右衛門湊町家賃　二万七千六百円

金額にかなり差があるのは、屋敷の場所や広さの違いだろう。江戸の中心部に近く、武家屋敷も周囲に多かった糀町だと、そこそこの広さの借宅ならば七万円ほどは必要で、「番銭《ばんせん》」もかかったようだ。番銭とは、町人地の町ごとに設けられた木戸番の経費を借家人も負担させられたもので、現代のアパート管理費か町内会費のようなものである。

堀部安兵衛は、米沢町の借宅が手狭だったため、内蔵助が江戸に出てくると本所二ツ目通り林町五丁目に広い借宅を二軒借りて入っていた。ここが、その後の同志たちの寄合場所となった（『波賀朝榮覚書』）。同じ本所でも、堀部安兵衛と杉野十平次で家賃が倍ほども違うのは、やはり広さが違ったためだろう。

「飯料」と「拠なき入用」

生活費の補助は食費にも及び、「飯料《はんりょう》」という記載で出てくる。以下の通りである。

(77) 金四両
銀九匁三分　堀部安兵衛・倉橋十左衛門・毛利小平太・横川勘平・村松三太夫（他に家来一人）、十一月中飯料

(79) 金一両二分　勝田新左衛門・武林唯七（他に家来一人）、十一月中飯料

(81) 金二両　間喜兵衛・同十次郎・同新六・千馬三郎兵衛、十一月中飯料

(83) 金一両　杉野十平次上下二人、十月分飯料

(84) 金二両　中村勘助・間瀬孫九郎・小野寺幸右衛門（他に家来一人）、十一月中飯料

(88) 金二分　不破数右衛門、十一月中飯料

(89) 金二分　矢頭右衛門七、十一月中飯料

(102) 金一分
銀九匁三分　小野寺幸右衛門、十月五日から晦日までの飯料

(108) 金二分二朱　赤埴源蔵・矢田五郎右衛門、十一月半月分飯料（含家賃）

これも、先ほどの換算比率で計算してみたい。

堀部安兵衛ら六人　四十九万八千六百円
勝田新左衛門ら三人　十八万円
間喜兵衛ら四人　二十四万円
杉野十平次ら二人　十二万円
中村勘助ら四人　二十四万円
不破数右衛門　六万円
矢頭右衛門七　六万円
小野寺幸右衛門　四万八千六百円（二十六日分）

飯料は、一人あたり一ヶ月金二分（六万円）で計算して渡していることがわかる。一日の食費が約二千円。おそらく、これが物価の高い江戸で暮らすためのぎりぎりの額だったのだろう。すると、もし四十七人全員の「飯料」が必要だったとすれば、一ヶ月に二十三両二分（二百八十二万円）ものお金が消えていくことになる。

同志の多くは、すでに家賃も払えない状態である。浪人生活も一年半に及び、蓄えは食いつぶし、知り合いからも借金を重ねていた赤穂の浪人は、おそらく着の身着のままで、節約しながら内蔵助から支給された手当で細々と暮らしていたのである。「宿代」、「飯料」だけでなく、さらに生活の補助が必要だった同志もいる。

⑯金二分　茅野和助が「拠なき入用」と願ったので遣わす。
⑱金三両　奥田孫太夫が「勝手指し詰まった」と願ったので遣わす。
⑩金三両　早水藤左衛門が「勝手指し詰まった」とのことで遣わす。
⑩金一両　村松喜兵衛が「拠なき入用」と願ったので遣わす。
⑩銀二十一匁七分五厘　毛利小平太が「拠なき入用」と願ったので遣わす。

この様子を見れば、内蔵助が藩の残金のうちから七百両ほどを手元に持っていたことが、いかに重要な意味を持っていたかが分かる。赤穂藩が取り潰しになった時点でそのすべてを割賦金などとして配分していれば、この時期に赤穂浪人の多くは路頭に迷い、討ち入りどころではなかったはずである。

生活費補助を受けていない浪士たちも、決して楽なわけではなく、借金をそのままにして江戸に出てきた者もいた。吉田忠左衛門の実弟で、蔵奉行だった貝賀弥左衛門は、十一月十九日、京都の綿屋善右衛門宛の手紙で、「そちらで受け取った金子は、分け取りのようになって、一つとして討ち入りの入用の足しにならないうちに金子もなく、泥棒の付き合いの様になりました。あの百両の事は、吉田忠左衛門を始めとして誰もが歯がみをなして、残念なことだと悔やんでおります」と書き送っている。百両ほど借りたようだが、それは結局次のような状況になっていた。

かの金子もとりちらし申し、われら方に二、三両かくし御座候より外《ほか》わ、神以て壱両も相見え申さず候。さて〳〵さたのかぎりなる様子に御座候。

——あのお金も遣ってしまい、私が二、三両隠し持っているほかは、神に誓って一両もありません。さてさてどうしようもない様子です。

宛先の綿屋善右衛門は、㊵の出金にも名が見えるが、赤穂藩に出入りしていた京の富商である。浪人してから貝賀は綿屋宅に身を寄せ、生活資金なども用立ててもらっていたが、それが返済できないままであることに、信義を重んずる武士として非常に残念な思いをしているのである。『仮名手本忠臣蔵』には、浪士たちを援助する「天河屋義平」という義商が登場するが、綿屋はこの義平のモデルの一人であるとも言われている。

討ち入り道具の購入

討ち入り後、その場から逃れた寺坂吉右衛門は、『寺坂信行筆記』という覚書を残しているが、その中にある討ち入りのために用意した道具のリストは、『金銀請払帳』とは異同がある。まず、『金銀請払帳』に出てくる武具や道具と値段を次頁に列挙しておこう。

⑭金一両一分二朱（十六万五千円）
着込《きごみ》一領・はちがね一つ調代

⑰金二分（六万円）
吉田忠左衛門調代

⑲銀五十五匁（十一万円）
かぎ・すまる代（神崎与五郎に渡す）

⑽銭八百三十二文（二万四千九百六十円）
木でこ四丁代、日用賃

⑽銀十一匁二分（二万二千四百円）
矢籠《やかご》・矢がらみ・いと代

⑽金一分・銀百三十九匁五分・銭九百三十二文（三十三万六千九百六十円）
鎗・弓矢・矢籠代

⑽金三分（九万円）
寺坂吉右衛門用意

⑽金一両二分（十八万円）
　横川勘平着込・はちがね代
⑾金一両（十二万円）
　間十次郎・同新六弓・鎗代
⑿金一両（十二万円）
　武林唯七長刀《なぎなた》調代
⒀金二分（六万円）
　間瀬孫九郎鎗調代

総計すると、百三十万円ほどである。軍資金全体の中での割合は、比較的少ないが、乏しい残金から考えると結構な出費だった。

細かく見ると、鎗が金二分（六万円）ほど、長刀だと金一両（十二万円）、着込（鎖帷《くさりかた》子《びら》）と鉢金《はちがね》（前頭部を保護する金具）が合わせて金一両二分ほど（十八万円）で、それぞれの分を揃えるとたいへんな額になるが、『金銀請払帳』にある出金は数人分だけである。

しかし、武具のほか、「木でこ」（木製のてこ）や塀を乗り越えるための「鉤《かぎ》」、「すまる」（これも鉤の一種）などの記載は『寺坂筆記』にもあるが、寺坂が覚書に記している「鎹《かすがい》」や「まさかり」（鉄斧）、「げんのう」（鉄鎚）、「玉火明松」（たいまつ）、「ちゃるめるの小笛」（チャルメラ）などはまったく書かれていない。これは別の資金から出金された可能性がある。

このようにして装備を調えた同志たちは、十二月十四日の討ち入りに向けて、決意を固めていったのである。軍資金が尽きかけている中、堀部安兵衛が、「此度用事」のために鎌倉へ行っているが⑽、これは同志を代表して討ち入り成功を祈願したものであろう。

ちなみに『金銀請払帳』は、間瀬孫九郎の鎗調代が最後の記載である。ここに記載された以外にも武具が必要だと考えた者もいたかもしれないが、『金銀請払帳』を見る限り、そのためのお金はもう残っていなかった。

『金銀請払帳』の末尾には、「金七両一分不足　自分より払」と記されている（95頁、写真下参照）。もはや軍資金は尽き、不足分は内蔵助の懐から出すしかなかったのである。

2　決算書の提出

討ち入り直前の飛脚

内蔵助が『金銀請払帳』を締めて決算したのは、討ち入り準備をほぼ終えた元禄十五年十一月のことである。

芝居やドラマでは、内蔵助が討ち入り前に、その決心を秘めたまま亡君の正室瑤泉院に暇《いとま》を告げる「南部坂雪《なんぶざか》の別れ」として有名な場面があるが、実際には内蔵助は、南部坂にあった三次藩邸（現在の港区赤坂六丁目）を訪問していない。

確かな史料としては、第二章でも紹介した内蔵助が『金銀請払帳』他の帳面類に添えて、瑤泉院の用人である落合与左衛門に送った十一月二十九日付の書状がある。

この書状は、日付こそ十一月二十九日だが、落合に届けられたのは、討ち入り当日、十二月十四日の晩である。内蔵助は、事前に届けると、どこで討ち入り計画が露見するかわからないので、この書状と帳面類を最後まで手元に置いていたのである。
『江赤見聞記』（巻六）には次のような記載がある。

十二月十四日の晩方、近松勘六家来甚七と云う者、内蔵助より飛脚に罷《まか》り成《な》り、瑤泉院様御家来落合与左衛門方へ罷り越す。是は今宵《こよい》打ち込みの由、これにより金銀相払い何角《なにかど》の諸帳差し越す。尤も瑤泉院様御金千両の内、七百両は返上、残り三百両、此度《こたび》の入用《いりよう》のため拝領《はいりょう》仕《つかまつ》り、何角支払い、七両内蔵助金子出し候由、算用帳共差し越し、その外書付共《ほかかきつけども》残らず差し上る。

――十二月十四日の晩、近松勘六家来の甚七という者が、内蔵助からの飛脚になり、瑤泉院様の御家来落合与左衛門の宅へ行った。これは今宵討ち入りをするので、金銀支払いの諸帳面を差し出したものである。瑤泉院様の御金千両のうち、七百両は返上し、残り三百両は、今回の経費として拝領し、いろいろと支払い、不足分の七両は内蔵助の金子を出したということだ。算用帳や、そのほかの書付などをすべて差し上げた。

この記述によれば、瑤泉院の化粧料のうち千両を回収してすでに七百両は返上し、残りの三百両を討ち入りのための軍資金として支払った、ということである。

「七両内蔵助金子出し候」という記述は、前節（184頁）で見た『金銀請払帳』の末尾にある不足分の説明と符合する。各種の書状、覚書を整理して記述している『江赤見聞記』の史料的性格からして、これが『金銀請払帳』を根拠にしていることは確かだと思われるが、そうであるとすれば、計六百五十一両の入金のうち、三百両は瑤泉院の化粧料の一部だったと考えてよいが、瑤泉院の化粧料のすべてを内蔵助が受け取っていたわけではないことになる。

実家の三次浅野家に引き取られたとはいえ、瑤泉院としても自分の生活のためのお金が必要であるから、その分は赤穂を引き払う時に運用先の塩田などから回収していたのである。それが七百両ということになる。

内蔵助が瑤泉院の化粧料のうちから三百両を預かったのは、亡君浅野内匠頭の供養や御家再興のためにある程度のお金が必要だと考えたからであろう。

こう考えると、残り三百五十一両は、藩財政の余り金だったということになる。

提出された他の帳簿

落合への書状の中で、内蔵助は瑤泉院のご機嫌を伺い、「昨年冬に挨拶に伺って以来、書状でご機嫌伺いすることも差し控えていた」と述べ、『金銀請払帳』のことを説明してゆく。

「去冬、話した通り、去春赤穂において預かったお金は、去年以来、一儀の用事に使った事情は、詳しく帳面に記した通りでございます。去年三月十九日から、金銀米の払いは、矢頭長助が勘定しました。すべて帳面に記載し、人ごとに受け取り手形などを取っておいたものを取り集め、今回、すべてお渡しします」

「去年以来、一儀の用事に使った」は、討ち入りのためと解釈されるのが一般的だが、『金銀請払帳』以外にも多くの入出金の帳面があるので、赤穂藩改易から討ち入りまでの全体を指したものだと考えるのが妥当である。

また、元禄十四年三月十九日からの勘定帳は、勘定方の矢頭長助が付けていたとされてきたが、矢頭は赤穂を離れてからは内蔵助と一緒に行動していたわけではなく、元禄十五年十月頃には没するから、これは『金銀請払帳』のことではなく、「帳面書付之目録」（『忠臣蔵』第三巻所収）にある次のような帳面の全体を指すと推測される。

帳面書付之目録

㋐一、御用金之帳　袋に入れ弐冊
　　御金御米支配帳
㋑一、総帳　袋に入れ拾冊
　　金銀請取元帳　引料金渡ス帳
　　引料金渡帳　従江戸上り候面々路銀渡帳
　　払物代聚以後金渡帳　定江戸面々内赤穂江来候者共へ金子渡帳
　　御城引渡以後迄勤候者之内江遣金帳
　　口帳上り候迄相勤申候者其外へ金銀渡帳

巳三月十九日より同六月四日迄金銀払帳　引料米渡ス帳

札座大積書付一通

㋒一、右帳面之小手形共　袋に入れ有り

㋓一、大学様御金之書付　一通

但し三通を継立候分　一封

武具帳　一冊

此二品、本紙は井上団右衛門江遣也

㋔一、絵図　三袋

員五枚

城之図幷侍屋鋪町割之図

城曲輪《くるわ》之図

赤穂・佐用・加東・加西郡之図

㋕一、覚書　袋に入れ四冊

㋖一、赤穂四カ寺江寄附之書付　一包

㋗一、高野山悉地院《しっちいん》より来る日牌《にっぱい》証文　箱入り
㋘一、紫野瑞光院附け候山証文幷寄附帳　箱入り
㋙一、分限帳　一冊
㋚一、正保二年御引渡帳　箱入り三冊
㋛一、赤穂城内改寄帳
　本丸・二ノ丸建家改帳　袋に入れ四冊
　城附武具帳
㋜一、女証文願書　箱入り
㋝一、御由緒書　箱入り一冊
㋞一、預り置候金銀請払帳　一冊
㋟一、右之小手形共　袋に入る
〆《しめて》拾六品
右之品々取り聚《あつ》め、指し出し申す所、件《くだん》の如し。
元禄十五年午十一月　大石内蔵助　印

落合与左衛門殿

㋐から㋓までは、赤穂藩改易に伴う金銀の勘定を書き留めた帳簿であり、当然、勘定役の矢頭長助が作成すべき帳簿だった。

特に㋑に記された帳簿の表題を見ると、赤穂藩の全財産を書き付けた「金銀請取元帳」を始めとして、藩士への割賦金の支払い、江戸詰めの藩士への路銀の支払い、赤穂藩の財産を払い下げた代金の藩士への分配、赤穂に残って残務処理をした者への手当、三月十九日から六月四日までの金銀払帳などがある。

これらが、赤穂藩の財政を手仕舞いすることに伴う出金の全体像を記した帳簿であった。この処理が終わったのが、元禄十四年六月四日であり、その残金は、次に示すように、内蔵助が預かることにしたのである。

軍資金の本当の出所

「その余り金は、去年六月四日から、私の手元へ預かり、山科に持参しました。その後、段々に支出した様子は、帳面に記しておきました。まったく自分の用事に使ったことはありません。詳しくは、帳面と引き合わせてとくとご覧ください。小手形なども一緒にして封をしておきました。このことは、もしよろしければ、お序《つい》での時、瑤泉院様へ詳しくお話ししてください。去冬、貴殿へ御約束したので、書き付けなどをこの度お渡しします。大学様へ申し上げようとも思いましたが、あえて差し控えました。よく考えていただき、もし広島へ御報告するのがよいと思われたのでしたら、そのようによろしく御願いします」

藩の財産を処分し、藩士らへ配分したあとの「余り金」は、内蔵助が受け取った。その「余り金」の支出を書いた帳面が、ⓨの『金銀請払帳』だったのである。

赤穂から退去した元禄十四年六月四日以降の出金は、内蔵助自身が管理していたものと思われる。内蔵助は、自分が私用に使っていない証拠として、同志たちから小手形（領収書）をとってあり、ⓣにあるように袋に入れて落合に渡している。

このように、軍資金となったのは藩の財政処理が終わった時点での「余り金」であった。藩の公金の残りだから、これも当然、亡君の菩提を弔う正室の瑤泉院が受け取るべきものである。そのため内蔵助は、六月四日までの帳簿や書類のほかに『金銀請払帳』を作成し、これを落合に渡して、瑤泉院に事情を話してほしいと頼んだのである。

そのほか、藩の公金には、浅野大学のお金も含まれていた。大学へ分知された領地は赤穂藩領内にあり、年貢の収公も実質的には赤穂藩が行っていたからである。そのために㊟の帳簿が作成してあり、原本は大学を預かっている広島藩浅野家の家臣、井上団右衛門へ送っている。

内蔵助は、吉良邸討ち入り後、幕府がどのような処分をするかわからないので、自分から大学へ報告するのは控えていたのだろう。内蔵助たちの計画を大学が知っていたかどうかということは、大学の処分にも関わるからである。

瑤泉院様の「利銀」

落合への手紙には、続いて「瑤泉院様御金之利銀《おかねのりぎん》」というものについての記述がある。

「預かった御金のうちに、瑤泉院様の御金の利銀を赤穂で取り集めた分が五貫目余ございます。この段も、去冬、貴殿に申した通り、大学様が赦免されれば申し上げて返納しようと存じておりましたが、芸州（広島）にお越しなされたので、そのようにはできませんでした。そのうえ、段々と一儀の用事に御金が不足しましたので、右の御金を使いました。この御金は、私どもが拝領したと思っておりますので、下し置かれたものと思し召して下されるように、申し訳ありませんが、御取り成しを頼みます。詳しく帳面に記載していますので、長助が仕立てた帳面に引き合わせて、一々ご覧下されば、明白にわかることでございます」

瑤泉院の「御金之利銀」、つまり運用の利子収入である銀五貫目は、金に換算すれば九十両ほどであるが、これに相当する金額は、『金銀請払帳』の冒頭に記載されている入金欄の「金銀請取元」には入っていない。

内蔵助が落合に渡した書類にも、瑤泉院御金の利銀の算用帳はない。矢頭が作成した帳面と引き合わせればわかると言っているが、それに相当する帳面もないようである。

おそらく内蔵助は、最初はこの利銀には手を付けないつもりだったと思われる。

『金銀請払帳』を見ると、十一月に入った時点で残金がほぼ尽きており、内蔵助は最終的に不足した七両一分を手元から出している。最後まで残していた瑤泉院の利銀は、

『金銀請払帳』を締めた後、さらに必要になった討ち入り用の武具の購入や、同志たちの最後の家賃支払いや飯料などのために使ったのではないだろうか。

たとえば、同志たちが吉良邸に討ち入った時に、羽織の下へ「着込」、つまり鎖帷子《くさりかたびら》をつけていたことが分かるのだが、『金銀請払帳』で購入の記載があるのは、横川勘平ほかのための二着だけである（94、109）。しかし、上方の同志たちが、着込を持参して江戸へ下ってきたとは思えない。「着込」と「鉢金」は、一組で金一両二分かかっているから、仮に四十人分購入しただけでも六十両になる。こうしたものに瑤泉院の利銀が費やされた可能性が高いのである。

さらに、刀などはもともと各自が持っていただろうが、鎗などは『金銀請払帳』に記されている以上に購入する必要があっただろうし、前節で触れたように、仲間を呼ぶために使った呼子《よぶこ》笛《ぶえ》（ちゃるめるの小笛）の購入代金なども記されていない。こうしたこまごましたものも含めて瑤泉院の「利銀」を使ったが、それを詳しく記したのではやはり瑤泉院に累が及ぶ可能性もあるので、ただ「拝領した」とだけ書いたのではないだろうか。

3　吉良邸討ち入り

直前の脱盟者

円山会議で江戸へ行くことが決まった後、奥野将監、河村伝兵衛、小山源五左衛門、進藤源四郎ら主立った者が内蔵助と袂《たもと》を分かったことはすでに述べたが、このほかにも大勢の者が脱盟している。

その中には、当初から内蔵助の意を受けて行動していた岡本次郎左衛門や物頭の多儀太郎左衛門らも含まれている。赤穂城開城の時、堅い決意を持っていたと思われた者も、彼らを含めて二十九人が脱盟した。

さらに、赤穂で籠城を議論していた時には腰砕けとなっていたが、開城後に先非を悔いて内蔵助に頼み込んで同志となっていた者の中で、江戸に出ると聞いてすぐに逃げ出した者が十九人いた。

そして、同志が江戸に揃った後も、逃げ出す者が相次いだ。

十月二十日、中田理平次が逃亡した。元馬廻百石の中田は、千馬三郎兵衛らと九月七日に江戸に着き、糀町の借家に暮らしていた。一時は、命を捨てる覚悟をしていたのである。しかし、江戸に来てみると、討ち入りなどとうてい成功しそうにないと思いはじめ、恐れをなして逃げ出した。

十月二十九日夜、堀部安兵衛の借家にいた中村清右衛門と鈴田重八が逃亡した。中村は元百石取りの中級藩士で、原惣右衛門らと江戸に入り、元小姓三十石だった鈴田も同じ頃、大高源五らと江戸に着いていた。江戸暮らしがはじまってから間もなく、同志の中に逃亡する者がいるのを見て、ついに二人も逃げ出したのである。

十一月二日、小山田庄左衛門が、小袖《こそで》と金子を少々盗んで逃亡した。小山田は、江戸定詰の馬廻百石の中級藩士だった。

同月四日、田中貞四郎が逃亡した。馬廻百石の田中は内匠頭の遺骸を一関藩邸へ受け取りに行った者の一人だった。

十二月六日朝、矢野伊助と瀬尾孫左衛門が逃げた。矢野は五石二人扶持の足軽、瀬尾は内蔵助の家来だった。彼らは、大石主税に付いて十月二十四日に江戸へ来た者たちで、隠れ家になっていた平間村の家の留守を任せていたところ、「退散してしまった」と『寺坂信行筆記』は書いている。

逃げ出した者たちを列挙して、「卑怯者」と罵倒している横川勘平の十二月十一日付の書状によれば、「現在まで意思が堅固な者が四十八人いる」としている。討ち入りにあたって書き上げた内蔵助の口上書にも、最初は四十八人の名が記されていた。

ところが、吉良邸の探索などに功績のあった元江戸大納戸役二十石五人扶持の毛利小平太が、十二月十一日付で、「拠《よ》ん所《どころ》なき存じ寄り」があって脱盟しますという口上書をよこして逃げ出してしまった。

こうして最後まで残った者は、四十七人となった。

計画通りの討ち入り

貝賀弥左衛門によれば、十二月十日の夜、一味の者が集まった時、次のように申し合わせたという（「浅野内匠頭家来松平隠岐守殿江御預け一件」『赤穂義人纂書』第二）。

面々店賃買懸《たなちんかいかか》り等、十二日切りに相仕廻《しま》ふべし。もし払銀不足に候はば差し遣わすべき由にて、内蔵之助用意銀より、不足の面々江は夫々《それぞれ》に差し遣わし、相払い候様にと申し含め候。

——それぞれの店賃やつけの代金などは、十二日までに始末をつけておけ。もし支払いのお金が不足するなら渡すということで、内蔵助の用意銀から、お金のない者へそれぞれに渡し、払っておくようにと申し含めた。

すでに軍資金の会計は締めた後なので、これは内蔵助が持参したお金の中から渡したものだろう。討ち入りにあたって、身の廻りをきれいにしておこうという意識が見える。借家の大家には、「我々は用事が済み、明後日の十四日に京に帰る」と伝えるよう申し合わせ、次は十三日の夕方にまた集まることにして、その日は別れた。

十三日夕方、同志たちは、店賃など支払ったあとの少しばかりの残金を持ち寄り、酒肴の用意をし、今生の暇乞いに盃を交わした。「死ぬのは前後するかもしれないが、来世は亡主の御前に罷り越し、御鬱憤を報じましたと、皆一緒に申しあげましょう」など戯《ざ》れあって酒宴に興じたという。

十二月十四日昼頃、「今日、上野介が帰宅している」という情報が入った。知らせたのは、大石三平良穀《みつひらよしかた》（二十八歳）という人物である。三平は、大石瀬左衛門とは従兄弟の間柄で、従って内蔵助とも遠戚関係にあるが、すでに父の無人良総《ぶじんよしふさ》（七十六歳）の代に赤穂を離れているので浅野家の旧臣ではなかった。しかし、江戸で浪人をしていたので、無人とともに浅野家旧臣に何かと協力していたのである。

三平の上野介在宅の情報により、この日の深夜、吉良邸に討ち入ることが決定された。四十七士はそれぞれ出立の装束に着替え、暮れすぎに日本橋米沢町の堀部弥兵衛の借宅に集まった。

ここで、門出の祝儀として盃などをかわし、賑やかに過ごした。そして、本所の堀部安兵衛、杉野十平次、前原伊助の借宅へ分かれていった。

吉田忠左衛門、原惣右衛門、吉田澤右衛門ら六、七人は、両国橋向川岸町の亀田屋という茶屋へ立ち寄り、そば切などを注文して、ゆっくりと休息した。安兵衛宅に行ったのは、八時前《やつどき》（午前二時頃）だった。そこには、火消し装束姿の大石父子も来ていた（『寺坂信行筆記』）。

寅の上刻（午前四時頃）、同志四十七名は、吉良屋敷へ行き、屋敷の脇で人数を二手に分け、表門と裏門を固めた。

表門からは、梯子《はしご》をかけて屋根を乗り越えて中に入り、裏門からは「かけや」（木槌）で門を打ち破って入った。玄関の番人を斬り殺し、表の玄関と隠居所の玄関を打ち破って家の中に入った。そこでも何人かの者が出てきたので、鎗で突き、刀で切り捨てて、上野介の寝間まで乱入した。ところが、上野介は、すでに寝所を抜け出していた。

表門から討ち入った者は、屋敷の中の戸を打ち破っていって、上野介を探した。上野介の近習や台所の泊り番の者は、おおむね切り捨てた。ただし、台所には武士身分ではない者たちもいたので、勝負を挑んできた者とは立ち合い、脇を逃げていく者は切り捨て、確かに武士でないと思われた者のみそのまま逃がした。

表門と裏門は、二、三人ずつで固め、ほかの者が屋敷の中を駆け回って、出合う者がいるかと声をかけたが、長屋にいた侍たちはほとんど出てこず、しばらくして出てきた者二、三人は鎗で突き殺した。

その後、家の中をくまなく探したが、上野介の姿は見えない。勝手の中に炭部屋のような部屋があった。そこの戸を打ち破ったところ、奥から炭や茶碗などを投げてきて、一人の侍が斬って出てきた。その者を取り囲んで討ち、中に半弓を放った。また一人、斬って出てきた者を斬り留め、間十次郎が手燭《てしょく》で中を照らしたところ、長持の上に白小袖に茶の縞の上着を着た者が一人いた。

まさか上野介とは思わず、口々に「上野介のいるところを申せ。言わなくても言わせるぞ」と言っても何も言わない。そこで、武林唯七が鎗で右の目の上を突き、十次郎が手燭を捨て、その首を取った。

死骸を改めたところ、額の傷は、今付いた傷に紛れてわからなかったが、背に確かに傷があった。そこで、捕らえておいた表門の門足軽に見せたところ、「確かに上野介殿の首です」と答えた。

この後は抵抗する者もいなかったので、長屋に行き、「上野介殿を討ち取った」と声をかけて回ったが、戸を引き立てたままで、誰も出てこなかった。

そこで、合図の小笛で一同を裏門の所に集め、名簿の帳面で点呼し、裏門から出て、泉岳寺に向かった。

以上が、『江赤見聞記』（巻五）にある原惣右衛門の覚書と、内蔵助の幕府大目付仙石《せんごく》伯耆守《ほうきのかみ》への返答（同、巻六）から再現した討ち入りの様子である。

この戦いは、吉良側から見ると、どのようなものだっただろうか。「米沢塩井家覚書」は上杉家米沢藩士の塩井某が、吉良邸の生き残りの者からの聞き取りなどをもとに書いたものである。

それによれば、赤穂の浪人たちは、まず表門に来て、火事だから門をあけろと告げた。どこで出火しているのかと聞くと、御屋敷の書院だという。しかし、火は見えないので門を開けなかった。すると、梯子をかけ、屋根から屋敷へ入ってきた。合図の太鼓がなり、裏門は金てこ、木てこで門をこじ開け、扉を斧で打ち破って乱入してきた。

屋敷に入ってからも、「火事だ、火事だ」と叫び、屋敷の長屋から驚いて出てきた者の首を「ほくり、ほくりと」打ち落とした。命を長《なが》らえた者が、戸口の隙間から見ると、各長屋の前に、鎗や長刀を持つ者が四、五人ずついた。長屋の屋根にも、弓を持って構える者がいた。

表の玄関と台所口、裏の隠居屋敷の玄関と台所口は、鎚や斧で引き破り、御殿の中を野原のように荒らしていった。そこかしこに、負傷者や死者が倒れていた。山吉新八、須藤与一右衛門、左右田源八らがしのぎを削って奮戦したが、敵はみな着込を着けていたので、「衝《つい》ても討《うっ》ても、きれ（切）通りも致さず」という様子だった。

討ち入りのために購入したまさかり、金てこなどが戸を打ち破るのに役に立ち、着込が防御のために威力を発揮していることがわかる。

こうして、吉良側は、死人十五人、負傷者二十三人の被害を出した。

幕府大目付の尋問

四十六士は、吉良邸のすぐ側にあった回向院《えこういん》で一時休息しようとしたが、難を恐れられて入れてもらえなかった。そこで、上杉家から駆けつけて来るかもしれない討手への警戒も兼ねて、両国橋の東詰で休んだ。そして、毎月十五日は大名の登城日だったため、行列と鉢合わせする可能性の高い隅田川（大川）の西岸を避けて両国橋は渡らず、東岸を南下した。そして永代《えいたい》橋を東へ渡り、鉄炮洲の旧赤穂藩上屋敷前を通り、汐留《しおどめ》橋筋から金杉《かなすぎ》橋を渡り、芝に出て泉岳寺に着いた。

途中、愛宕下で吉田忠左衛門と冨森助右衛門が別れ、諸大名の監察役である幕府大目付仙石伯耆守の屋敷を訪問し、討ち入りを申告した。

泉岳寺に到着した四十四人は、亡君の墓前に上野介の首を手向け、焼香した。住持からは使僧が遣わされ、座敷に通された。住持は、寺社奉行へ報告に行き、戻ってきてから内蔵助たちと対面した。

幕府は、泉岳寺にいた四十四人を、仙石伯耆守屋敷へ護送するよう命じた。浅野家旧臣たちは仙石屋敷の門前で、もはや必要のなくなった鎗や長刀を溝に捨ててから門を入った。仙石は、玄関前に水を入れた大桶を置き、手拭いなどをたくさん出して手水《ちょうず》を使うよう命じた。みな陣わらじを脱いで手足を洗い、式台《しきだい》をあがった。

立ち会いの徒目付が、大小の刀を受け取り、懐中の物も出させた。そして、書院に通された。

仙石は、その場で内蔵助にいくつかの点を尋問した。

夜討ちの際、火を持参したか、合い言葉は使ったか、家の中での灯りはどうしたか、などから始まり、上野介を討った様子、何人を討ち止めたか、などを尋問していった。そして、「江戸において大勢が討ち入り、罪もない者を大勢斬り殺し、弓矢などの飛び道具を持参したことを、憚《はばか》らなかったのか」と尋ねた。

これに対し内蔵助は、次のように答えている。

「兼ねて一味の者共は、多人数であっても誰を断念させるということもできません。そのうえ、五人、七人では討ち入ったとしてもなかなか本意を達することができるとも思えませんでした。長道具《ながどうぐ》（鎗・長刀など）は武士が持つべきもので、これも大勢と戦い、本望を遂げるためでございます。上《うえ》を憚った証拠には、甲冑を着けませんでした。鉄炮も持参しませんでした。また、多くの人を殺したことは、かねての申し合わせに、そうならないようにと存じておりましたが、かの方でも主人を護って敵対し、（上野介を）討ち取る妨《さまた》げとなったので、そのようになりました。この方より強いて殺さなかった証拠がございます。一人としてとどめは刺しませんでした。ただ、倒れて戦えないようにしただけです」

内蔵助は、相手は上野介だけで、幕府に対する恨みはなく、吉良家の家臣も抵抗した者を相手にしただけだと強調している。

仙石は、そのほかに他の旧赤穂藩家老のことなどを尋問した後、四十六名を四家に分けて預けることを申し渡した。その際、同席していた目付の水野小左衛門守美《みずのこざえもんもりよし》は、次のように言った。

「内匠頭殿はよい家来を持たれ、御用にも立つべきところ、残念です」

列座の他の者も、みな同様の挨拶をした。徒党を組んで江戸を騒がせた者たちであるにもかかわらず、幕府の監察役である目付までが、彼らの行動を高く評価していたのである。

4　四十六士の命の決算

お預け先と身分の上下

内蔵助ら十七人は、肥後熊本藩細川越中守屋敷、大石主税ら十人は伊予松山藩松平隠岐守の屋敷、岡島八十右衛門ら十人は長門長府藩毛利甲斐守屋敷、間十次郎ら九人は三河岡崎藩水野監物《けんもつ》屋敷に預けられた。屋敷は、それぞれ泉岳寺からそれほど離れていない場所にある。

預けられた四十六士は、身分や禄高の上下で預け先が決まっていた。仙石の部下は、水野監物に、「お預けの九人は身分の軽い者だから、長屋に置くように」と指示している。討ち入りの時は身分の上下はさほど関係なかったが、お預けになってからは、身分秩序によって対応が決まったのである。

身分については、内蔵助も敏感だった。彼が最後まで恥じていたのは、番頭の奥野将監を始めとする上級家臣や物頭などの要職者の多くが脱盟したことである。内蔵助は、熊本藩士で預け人の世話係だった堀内伝右衛門《ほりうちでんえもん》に、次のように述べている。

「今度のことについて、御傍輩中《ごぼうはいちゅう》でも御批判されていると察しています。ここにいる者どもは、おおかた小身《しょうしん》（禄高が少ないこと）な者で、大身の者も少しは加わっていると思し召されていることが恥ずかしいのです。いかにも大身の者も加わってはいますが、多くは了簡を変え、私の力が及びませんでした」（『堀内伝右衛門覚書』）

そして内蔵助は、番頭の奥野将監、物頭の佐々小左衛門、進藤源四郎、小山源五左衛門、河村伝兵衛らの名をあげて批判している。内蔵助の発想は、大身の者ほど武士の倫理感を持つべきだ、というものだったのだろう。

四十六士の覚悟

内蔵助ら四十六士は、みな斬罪を覚悟していた。しかし、四十六士の評判は江戸城中でも良く、それが城外にまで伝わったため、堀内などは彼らがそれぞれ預けられた大名家に家臣として渡されるのではないかとまで期待している。

しかし、四十六士たちは、そんな甘い見通しは持っていなかった。即日にでも斬罪に処せられることを覚悟しており、自分たちの評判が良いことを聞いても、斬罪ではなく切腹になるかもしれない、と期待しただけだった。

冨森助右衛門は、堀内に次のように頼んでいる。

「拙者は、今度のことで斬罪に処せられるでしょう。どうか場所だけでもよいところでと思っておりましたが、おのおの様の御話や世間の評判を聞き、すこし奢《おご》りが付き、もしや切腹などという結構なことになるかもしれない、その時はこの御屋敷で命じられることになるかもしれないと思うようになりました。もしそうなれば、十七人はそれぞれに宗旨《しゅうし》も違うので、寺の坊主や親類などが死骸を拝領したいと願うかもしれません。しかし、決して下されないでください。泉岳寺の空き地のある所に、十七人を全員一つの穴に埋めてくださるよう、皆願っております」（同前）

最大限期待しても、切腹以上によい結果はない、と考えていたのである。

さらに吉田忠左衛門は、堀内に重ねて次のように頼んでいる。

「助右衛門の願いのほかに、もう一つ無心があります。拙者は金子を少し持っております。これは異なものを持っていると思われるかもしれませんが、ずっと所持してきたものですから、捨てることもできませんでした。これを差し上げますので、白布で二重の大風呂敷を作っていただき、四方につかり（紐を通すための環）を付け、死骸が見えないようにそのままくくり寄せるようにしてほしいのです。ご覧のように、年寄で大柄ですので、そのままだと見苦しいと思ってのことです」（同前）

忠左衛門が、なお少し金子を所持していたというのが興味深い。武士のたしなみとして、いくばくかの金子を最後まで持っていたのである。

堀内は承知致しましたと答え、お金などはいらないと応じている。

元禄十六年（一七〇三）二月四日、幕府から四十六士を預けた四家へ、切腹を命じる上使が派遣された。罪状は、四十六人の者が徒党して上野介邸へ押し込み、飛び道具などを持参して上野介を討ったことは、「公儀《こうぎ》を恐《おそ》れざるの段《だん》、重々《じゅうじゅう》不届《ふとど》き」というものだった。

幕府は、これが主君の仇討ちだという内蔵助らの主張を認めなかったことになるが、記された罪状から考えれば、切腹というのは当時の観念から言って、いかにも軽い処罰だった。

そのため内蔵助も、この申し渡しを次のように「御請《おう》け」している。

「どのように仰せ付けられるか想像もできませんでしたが、幸運にも切腹を命じられたことは、有り難き幸せに存じ奉ります」

こうして内蔵助ら十七人は熊本藩細川家屋敷で、大石主税ら十人は松山藩松平家屋敷で、岡島八十右衛門ら十人は長府藩毛利家屋敷で、間十次郎ら九人は岡崎藩水野家屋敷で、それぞれ切腹して果てた。

四十六人の遺骸は、一人ずつ布団に包まれ、桶に入れられ、それぞれの名前を書いた札が付けられた。その上をさらに大風呂敷で包み、乗物に載せられ泉岳寺まで運ばれた。いかにも丁重な遇しかたである。

細川家からは、取り置き料として金五十両、松平家からは銀五十枚、毛利家、水野家からは銀二十枚が泉岳寺へ渡された。また、別途に法事料として、銀三百枚ないし二百枚が遣わされた。

泉岳寺では、浅野内匠頭の墓所の脇の竹藪を切り開いて、四十六士の墓所とした。また、彼らのために山門を建立している。


そもそも吉良邸討ち入りは、浅野内匠頭の刃傷事件の際、幕府が吉良上野介を処罰しなかったことから起こったことである。喧嘩両成敗は、武士社会では当然とされた法で、幕府の裁定は「片落《かたお》ち」の処分だとする考えが一般的だった。

幕府は、刃傷事件の際、上野介が抵抗したかどうかを確認しており、まったく抵抗していなかったことから、内匠頭による一方的な刃傷事件とし、喧嘩と見なさなかったのである。

しかし、片方が刀を抜いて斬りかかっている時、抵抗もしないということは、武士には考えられない行動だった。当然、内蔵助たちは、主君が刀を抜いている以上、それは喧嘩だと考えている。

四十七士の討ち入りは、主君に対する「片落ち」の処分を実力で是正するというものだった。しかし、それでは幕府への批判となるので、内蔵助らは、あくまで「主君の仇《あだ》を報ずる」という姿勢を堅持した。

幕閣は、この主張を内心では認めながら、

「主君の仇を報ずると申し立て、内匠頭家来四十六人が徒党して、上野介の屋敷へ押込み、飛び道具まで持参して、上野介を討ったことは、公儀を恐れない行動で、重々不届きである。よって切腹を申し付ける」

と、その行動を否定し、切腹を命じた。

だが、彼らへの同情が深かったため、斬罪ではなく、切腹という江戸時代においては寛大な処分となったのである。

遺児たちへの処罰

しかし、討ち入りに関係する処罰は、四十六士自身の切腹だけでは済まなかった。四十六士の遺児は、十五歳以上の男子には、伊豆の大島への遠島が命じられた。

十九人いた男子の中で、十五歳以上の者は、吉田忠左衛門二男吉田伝内《でんない》（二十五歳）、

間瀬久太夫二男間瀬定八《さだはち》（二十歳）、中村勘助二男中村忠三郎《ちゅうざぶろう》（十五歳）、村松喜兵衛二男村松政右衛門《せいえもん》（二十三歳）の四人だった。

十五歳未満の者は、縁のある者に十五歳になるまで預けられ、その後、遠島に処せられることになった。ただし、女子は「構《かま》いなし」とされた。

彼らは幕府から見れば陪臣の立場にあるので、その処分の実行は、町奉行の保田越前守《えちぜんのかみ》が担当した。そのため、幕府小姓頭の小笠原長定に仕えていた村松政右衛門は、尋問を受けた上で、武士用の牢獄である「揚《あが》り屋《や》」に入れられた。また、吉田伝内と間瀬定八は、播州姫路にいたので、幕府は姫路藩主本多忠国に命じて、江戸まで二人を護送させ、奥州白河にいた中村忠三郎も、同様に白河藩から護送させた。

元禄十六年四月二十七日、幕府は、伊豆代官の小笠原彦太夫に四人を引き渡した。四人は、佃島の岸から大島へ護送されたが、四十六士の評判は大島まで聞こえていたので、島での四人の待遇はよかったという。

吉良左兵衛の処分

一方、吉良上野介から吉良家の家督を継いでいた吉良左兵衛義周《きらさひょうえよしちか》は、赤穂浪人の討ち入りの際には、長刀を持って防戦して手傷を負っていたが存命だった。

不破数右衛門が、父親へ送った書状には、次のようにある。

「左兵衛殿の家老が一人取り籠《こ》もっている所へ、私一人が入り込み、左兵衛殿は長刀、家老は刀で戦い、左兵衛殿は負傷してお逃げになりました。かねがね、左兵衛殿は逃げればそのまま追わないようにと申し合わせていたので、そのままにしました。もう一人を上野介殿と思い、ずいぶんと戦って仕留めましたが、違いました。相手は二人で、この家老も腕が立ち、私も着物や籠手《こて》など三カ所当たりましたが、かすっただけで、着込だったので、身には少しも傷つきませんでした」

戦った上で退いたのだから、武士として何の問題もない行動だったと言えよう。

しかし、幕閣の判断は違った。四十六士への判決が申し渡されたのと同じ二月四日、大目付仙石伯耆守は、左兵衛を評定所に呼び、次のように申し渡している。

「吉良上野介儀、去々年浅野と口論の時、公を重んじたとはいえ、抵抗もせず逃げたことは、内匠に対して卑怯の至りだったが、奉公を懈怠《けたい》なく勤めたためそのままに差し置いたが、不覚悟の至りである。このため、今度、内匠の家来どもが押し寄せた時も未練《みれん》のように聞こえている。親の恥辱《ちじょく》は子として遁《のが》れがたく、諏訪安芸守忠虎へお預けなされるものである」(『江赤見聞記』巻六)

刃傷事件の時にさかのぼって上野介の行動を「卑怯の至り」とし、討ち入りの時の行動も「未練」(＝未熟)としている。そして、左兵衛は、親の恥辱のゆえを以て、信州高島藩三万石の諏訪家へ「お預け」とされたのである。

討ち入りに関しては吉良家が一方的な被害者のようにも見えるが、当時の武士の感覚としては、討ち入りがあればこれを自身の武力で撃退するのが筋であって、首を取られるなどは「未練」の行動なのである。

結局、幕府は、刃傷事件の時の判断が必ずしも正しくなかったことを認めたのである。そしてその真意は、忠義の士として評判の高い四十六人を切腹に処す以上、左兵衛にも何らかの処分を申し渡さないと収まらない、というものだったのだろう。討ち入りは、幕府に亡君内匠頭と吉良上野介の喧嘩両成敗を認めさせることになったのである。

赦免と復権

翌宝永元年（一七〇四）になると、四十六士の縁者は、遺児たちの赦免の運動を行うようになった。

内蔵助の岳父で但州豊岡藩京極家の筆頭家老だった石束源五兵衛《いしづかげんごひょうえ》は、内蔵助の遺児の赦免を、伝手を頼って寛永寺住持の公弁法親王《こうべんほっしんのう》に願おうとした。皇族が就任する寛永寺住持は、日光門主、天台座主《ざす》を兼ねる天台宗最高位者なので、その権威は将軍も尊重していた。また、内匠頭の正室瑤泉院も、流罪になった者の赦免を出家させることを条件に願い出、本家である広島浅野家などからも赦免の願いがあった。

宝永三年（一七〇六）八月、幕府は瑤泉院らの願いを容《い》れ、将軍綱吉の実母・桂昌院の一回忌を機に、流罪になっていた者を赦免した。間瀬定八は前年四月に病死していたが、吉田伝内ら三人が江戸に帰ってきた。

そして、宝永六年正月十日、五代将軍綱吉が没すると、跡を継いだ六代将軍家宣《いえのぶ》は、綱吉の代に罪を得た者のうち、三千八百三十九人に大赦を命じた。この時、四十六士の遺児たちもすべて大赦とされている。

また、広島藩に預けられていた浅野大学も赦《ゆる》され、翌七年九月、五百石を与えられて、旗本として格式のある「交代寄合《こうたいよりあい》」に取り立てられた。

内蔵助の妻りくが、但馬豊岡に戻された後に生まれた三男の大石大三郎《だいざぶろう》は、広島藩浅野家に新知千五百石で召し出されることになった。これは内蔵助の知行高と同じである。りくは、「本ち《(知)》にさっそく仰せ付けられ候事、くわいふん《(外聞)》もよろしく」（「弘前大石家文書」）と喜びの手紙を送っている。

大三郎はまだ十二歳の少年であったにもかかわらず、扶持などではなく、領地として千五百石が与えられたのである。ちなみに内蔵助二男の吉之進《きちのしん》は、出家して祖錬元快《それんげんかい》と号していたが、大赦の直後に十九歳の若さで没している。

原惣右衛門の子、十次郎辰正《じゅうじろうときまさ》もまだ十二歳だったが、広島藩に二百五十石で召し出された。茅野和助の子猪之吉《いのきち》は、森和泉守長直の近習に召しだされた。この森家は、もともと和助が仕えていた家である。森家は、元禄十年（一六九七）から備中西江原を治めていたが、転封されて宝永三年正月から赤穂を領していた。和助が貫いた「武士道」は、子に恩恵を与えたのである。

終章　一級史料が語るもの

軍資金の使途内訳

本書では、『金銀請払帳』を討ち入りの「決算書」と最初に位置づけたが、前章までの考察によって、この史料が赤穂藩旧臣たちの行動とその意義を跡づけ、まさに討ち入り計画を決算したものであったことが理解いただけたのではないだろうか。

では、締めくくりとして、これまで見てきた軍資金の使途を、あらためて使途項目別に概観しておきたい。中には使途を区別しにくい出金もあるので、左記に金で換算した数字は、全体像をつかむための目安とされたい。

仏事費	一二七両三分	一八・四%
御家再興工作費	六五両一分	九・四%
江戸屋敷購入費	七〇両	一〇・一%
旅費・江戸逗留費	二四八両	三五・六%

会議通信費	一一両	一・六%
生活補助費	一三二両一分	一九・〇%
討入り装備費	一二両	一・七%
その他	三〇両	四・二%

すでに述べたように、内蔵助は、まず亡君浅野内匠頭の石塔建立や山の寄進など、仏事費に百両以上のお金を使っている。これは、出金総額の一八・四%に及ぶ。そして、浅野家再興の工作のため、赤穂の遠林寺の僧祐海を江戸に送り込んだ費用などが六十五両余で、九・四%である。つまり、全く初期の段階で、軍資金の四分の一以上を使ったのである。

次に必要となったのは、江戸の同志の暴発を抑えるために、上方の同志たちを江戸へ送る旅費や江戸の逗留費である。さらに、江戸の拠点として屋敷を芝に購入するために七十両もの大金を使い、討ち入り計画以前に、六割以上のお金が消えた。

同志が江戸と上方の両方にいるため、どうしても連絡のために旅費が必要となる。これは、雌伏の時間が長ければ長いほどかさんでいくので、先行きが見えない時期にはいくらかかっていくかがわからず、内蔵助にとっても大きな不安であったはずだ。

軍資金の効用

同志たちも、割賦金やそれまでの蓄えがしだいに乏しくなっていく中で、いつ討ち入るともわからない内蔵助に従っていくことは、精神的にかなりきついものであったはずで、内蔵助に対する不満が出ることも、それは無理からぬところであった。

神崎与五郎は、討ち入り後の十二月十七日夜、その身を預けられた水野監物屋敷で次のように述懐している（「元禄年中水野家監物、浅野義士御預古文書」）。

去春落去《きょしゅんらっきょ》の節《せつ》配分仕り候金子をも、内蔵介は申し請けず、何《いずれ》もへわけてくれ候。諸道具売り払い候て、その金子百三、四十両を以て、私共を始め同志のもの共を養い申し候。若きもの共、勝手のつづき兼ね候者共など早く討ちたがり申し候を、兎角と様子も知れざると申し候て留め申し候。夥《おびただ》しく心遣いにて候。

――去春、赤穂城を引き渡した時に配分した金子も、内蔵助は受け取らず、皆へ分けてくれました。藩の諸道具を売り払い、その金子百三、四十両で、私どもを始めとして同志の者どもを養っていました。若く生活ができない者たちは、早く討ち入りしたいと申していましたが、様子もわからないなどと言って、留めていました。たいへんな心遣いでした。

お金がない者は、武士の体面を保っていられるうちに早く討ち入りたいと切望していた。だからこそ、内蔵助は彼らに生活費などを与えて、その気持ちを宥《なだ》め、最もよい時期に討ち入りが敢行できるようにと心を砕いたのである。軍資金がなければ、間違いなく暴発する者が出たことだろう。だがそれは、内蔵助に近づき、その一味に加わってさえいれば、とりあえずの生活は保証される状況があったということでもある。そのため、三村次郎左衛門などは、次のような疑いをかけられていた（『近世畸人伝』）。

三村包常〔次郎左衛門といふ〕は、わずかに厨下《ちゅうか》の小吏《しょうり》としてその主姓をもしらざるべきほどの者なれば、同志の諸士あるひは財を貪《むさぼる》がためならんと疑しかども、始終志を変ぜず、その禄を食《はみ》てはその難に死すべしとおもへるなるべし。

――三村次郎左衛門は、身分の低い台所の小役人で、名字もはっきりとしない者なので、同志の者たちは、もしや内蔵助のお金をあてにして行動を共にしているのではないかと疑われていたが、最後まで志を変えず、内蔵助の世話になっているからには一緒に死のうと思っていたようだ。

三村が内蔵助の言葉に感激して最後までついていったことは、すでに見てきた通りである。しかし、途中で脱盟していった者の中には、じっさいに「財を貪がため」という気持ちで一味に加わっていた者もあったかもしれない。

江戸の急進派を押さえるために江戸と上方を往復した旅費と滞在費、同志たちとの通信費、討ち入りのために上方の同志が江戸に下向する費用、討ち入りまでの江戸での家賃と生活費など、それにはざっと見て四百両ほどのお金がかかっている。

もし、このお金と内蔵助の配慮がなければ、もっと多くの同志が生活のために脱盟せざるを得なかったであろうし、生活に困窮した者たちが血気に逸《はや》って少数で討ち入りを敢行し、その挙句に返り討ちにあうなどという可能性もかなり高かったと思われる。

討ち入り遅延への批判

しかし、横川勘平は、十二月十一日付の書状の中で、江戸入り後も続出した脱盟者を「比興《(卑怯)》評すに及ばず」と切り捨てる一方で、内蔵助のことも批判している。

尤《もっと》も内蔵之助仕方《しかた》、か《(斯)》様に延々にいたし、方々江もれ候儀、よきとは申し難しとぞんじ候。

——もっとも内蔵助のやり方は、このように計画を遅延し、計画が方々へ漏れることになったことは、よいとは言い難いと思います。

討ち入りを延び延びにしたことが、脱盟者を生んだというのである。「必死の者十四、五人」で討ち入れば上野介の首を取れると考えていた堀部安兵衛らも同じような感慨を持っていたことだろう。観点は異なるが、佐賀藩士山本常朝（一六五九―一七一九）も『葉隠《はがくれ》』の中で、赤穂浪人の討ち入りが遅延したことを次のように批判している。

浅野殿浪人夜討ちも、泉岳寺にて腹切らぬが落度《おちど》也。又、主を討たせて敵を討つこと延々也。もしその中《うち》に吉良殿病死の時は残念千万也。上方衆は智恵かしこき故、褒《ほ》めらるる仕様は上手なれ共、長崎喧嘩《ながさきけんか》のやうに無分別にする事はなられぬ也。

――浅野殿浪人の夜討ちも、泉岳寺で腹を切らなかったのが落度である。また、主君を討たせて敵を討つまでに時間がかかりすぎている。もしその間に吉良殿が病死した時は残念千万である。上方の武士は智恵があるから、褒められるやり方は上手だが、長崎喧嘩のように無分別にする事はできないのだ。

「長崎喧嘩」とは、佐賀藩の長崎駐在の藩士が、長崎の御用商人高木彦右衛門の使用人に恥をかかされたため、いさかいのあった日の夜のうちに、高木屋敷へ討ち入って彦右衛門を斬ったという元禄十三年（一七〇〇）の事件で、討ち入った佐賀藩士たちは、最終的にみな切腹している。常朝の葉隠武士道では、長崎喧嘩のように、無分別に斬り込んで死ぬことこそが推奨されるのである。

こうした批判は儒学者の太宰春台《だざいしゅんだい》（一六八〇―一七四七）も行っている。『赤穂四十六士論』で、上野介が内匠頭を殺したのではないのだから、上野介は内匠頭の讐《かたき》ではなく、相手を傷つけただけの内匠頭を殺した幕府を恨むべきだ、というユニークな議論を展開した春台は、同書の中で、上野介がいつまで生きるかわからないのに、翌年の冬まで討ち入りをしなかったのは問題で、討ち入って上野介を殺すことができたのは赤穂浪人たちの幸運にすぎないと批判している。

これは、武士のあり方についての見解の相違と言えるが、事の成否を考えずにとにかく行動すること、それが武士としてふさわしいふるまいだとする議論が、元禄時代にはたしかに一つの考え方を示すものとして存在していたことを示している。

しかし、同時代人の多くは赤穂浪人の討ち入りを喝采をもって迎えた。幕府でさえそれを評価し、斬罪ではなく切腹としたように、討ち入りに時間がかかったにせよ、その行動は多くの同時代人に認められ、賞賛されたのである。

赤穂事件の再評価

大勢の武士が、深夜、強盗同様に旗本屋敷へ討ち入り、仇であるその家の隠居に加えて恨みもない家臣たちまで殺したことは、現代的な価値観ではまさしく暴挙であろう。

しかし、当時の倫理的観念から見れば、上野介を主君の仇と考えることにも、そのために吉良家の家臣を倒すことにも無理な点はなかった。世間もそう考え、仇を取ることを期待した。いや、討ち入り前には、赤穂藩旧臣は腰抜けだと批判さえしていた。

赤穂浪人たちも、吉良邸討ち入りを武士として行わなければならない当然の義務だと考えていた。だからこそ、老母や妻子などの行く末に後ろ髪を引かれながらも、死を覚悟して江戸に下っていったもので、褒められることを望んだわけではなかった。

大学の広島藩お預けで浅野家再興が絶望的になった後、多くの旧赤穂藩士が脱落していき、討ち入りの直前になっても同志を裏切って逃亡する者が続いている。こうした事実は、四十七士の心中も、じつは様々に揺れ動いていたはずだと推測させる。だが、そうでありながら、保身の気持ちを打ち捨て、成功しても失敗しても死を遁れられない道を自ら選び進んで行った者たちの行動は、やはり十分に評価すべきであろう。

　そして、それを支えたのが、本書で分析してきた軍資金だった。たかがお金であるが、お金が尽きて失敗するプロジェクトは、古今東西にいくらでも例がある。今まで、こうした観点から赤穂事件が考察されることはなかったが、「金銭」という時代を超えても比較的通用する尺度を用いたことによって、赤穂浪人たちの内心にあったこの葛藤が、現代の我々にもより身近に感じることができたと思う。

　藩の財産を処分したあと、約七百両のお金を残し、これを適切に管理して使い、立場も考えもさまざまに異なる多数の同志を足かけ二年の長期に亘って統制した内蔵助の力量は、あらためて高く評価されるべきものである。

　また、赤穂事件全体を捉えるとき、「長崎喧嘩」などとは違って、吉良邸討ち入りまでに長い時間が経過しているということ自体が、じつは大変に重要である。時間こそが、多くの人間的葛藤を生み出し、且つ、それを乗り越える物語を生み出したのである。

　赤穂の浪人たちは、「武士の一分」を立てるためには成否を考えず闇雲に行動するという直情径行な武士ではなかった。そうした気持ちを抑え、武士としての筋を通すためには、一定の計画性とそれを実行する人数が必要で、そのためには多少の意見の違いは越えて一味し、それに参加するしかないと、理性的に考えていた。そして、その首領である内蔵助は、藩を手仕舞った資金の一部を手元に残し、討ち入りまでにこれを巧みに使った。元禄武士とは、そのような武士なのである。

こうした行動の分別や計画性は、それ以前の時代の武士では考えが及ばないことであっただろう。だが、一方で元禄武士は、江戸時代初期の武士に特有の「かぶき者」的な猛々しい心性をまだ色濃く残していた。主君の鬱憤を散じるために幕府の裁定を自力で覆すというようなことは、そうした心性なしでは不可能であった。しかし、かぶき者的な武士のあり方は、幕政が安定期に入った元禄期以降、急速にその姿を消している。

こうして見ると、赤穂事件は元禄期にしか起こりえない希有な物語だったと言える。そして、『金銀請払帳』の一項一項は、そうした元禄武士の姿を生き生きと示している。『金銀請払帳』は、単なる会計帳簿ではなく、赤穂藩旧臣の討ち入りに至る行動を克明に伝えるとともに、彼らの心情までを語りかけてくれる超一級史料なのである。

おわりに

本書冒頭に記したように、赤穂事件に関するこれまでの研究の多くは、主に武士の心性に注目したものであった。私もそうした視点から赤穂事件に関する本を書き、また同様に敵討ちや切腹を主題にした著書や論文を公にしてきた。だが、それは重要な論点ではあっても、すべてではない。

歴史的事件を考察する上では、本書で試みたように、金銭面からの視点もまた欠かせないものである。この経済的側面から赤穂事件を見るという構想は、二〇〇八年に出演したNHK教育テレビ『ナナメ読み忠臣蔵』（全四回）で、「あだ討ちの収支決算」と題してそのエッセンスを紹介した当時から温めていた。すでに研究し尽くされたとの感を持たれることもある赤穂事件だが、『預置候金銀請払帳』のような一級史料でさえ、その真価を見過ごされていたように、研究の余地は依然として大きく残されている。

今回、『金銀請払帳』の史料分析を軸にして、さらにこれまであまり触れられなかった赤穂浪人たちの困窮ぶり、借金事情、生活への感慨などに目配りするため、四十七士らの残した覚書や書状などから金銭に関わる記述を抜き出し、複合的にその比較対照を行ったが、大石内蔵助の約七百両の軍資金の一つ一つの使途が、それぞれ討ち入りそのものの成否を決めるほどに重要な要素だったことを痛感した。そして、本書の執筆を通して、私自身が赤穂事件全体を立体的に理解できるようになったと実感している。

こうした研究を進めることができたのも、元禄の世の大事件を伝える貴重な史料が残されているからである。赤穂事件関係の史料を蒐集、編纂し、現在に伝えてきた多くの人々の営為に謝意を表したい。わけても、『預置候金銀請払帳』の原本調査を許可していただいた箱根神社宮司の小澤修二氏、調査に立ち会っていただいた禰宜兼学芸員の柘植英満氏に深く感謝いたします。

二〇一二年九月

山本博文

主要参考史料一覧

＊複数の書物に納められている史料は、本書で引用したものを傍線で示した。

『赤穂義人纂書』（第一）　鍋田晶山編、国書刊行会刊　一九一〇年

「赤穂四十六士論太宰春台」「萱野三平伝」「天野屋利兵衛伝」「堀内伝右衛門覚書」「浅野内匠頭分限帳」「吉良氏首級請取状」「義士親類書水野監物預九人・細川越中守預十七人」

『赤穂義人纂書』（第二）　鍋田晶山編、国書刊行会刊　一九一〇年

「田村右京大夫殿江浅野内匠頭御預一件」「赤穂浪人御預之記（毛利家記録）」「赤穂義士親類書毛利家預十人分」「浅野内匠頭家来松平隠岐守殿江御預け一件」「寺坂信行筆記」「梶川氏筆記」「元禄年中水野家監物、浅野義士御預古文書」「萱野三平贈大石良雄書」「上野介邸手負口上書等」「原惣右衛門与中川助左衛門書」「赤穂鐘秀記」「赤穂城引渡一件」

『赤穂義人纂書』（補遺）　鍋田晶山編、国書刊行会刊　一九一一年

「堀部武庸筆記」「波賀清太夫覚書」「白明話録」「大石良雄金銀請払帳」「評定所一座存寄書」「江赤見聞記」

『赤穂義士史料』（上巻）　中央義士会編、雄山閣刊　一九三一年

「田村家浅野長矩御預之節控」「岡島常樹覚書」「脇坂家赤穂城請取在番中覚書」「堀部弥兵衛金丸私記」「寺坂私記」「寺坂信行筆記」「朝原重栄覚書」「波賀朝栄覚書」「義士江戸宿所幷到着附」「米沢塩井家覚書」

『赤穂義士史料』（中巻）　中央義士会編、雄山閣刊　一九三一年
「細川家御預始末記」「久松家赤穂御預人始末記」「水野家御預記録」「諏訪家御用状留帳」「諏訪家御用部屋日記」「吉良左兵衛預付諏訪家諸事帳」
『赤穂義士史料』（下巻）　中央義士会編、雄山閣刊　一九三一年
義士関係書状
『近世武家思想』（日本思想大系27）　石井紫郎校注、岩波書店刊　一九七四年
「多門伝八郎覚書」「堀部武庸筆記」「赤穂四十六士論太宰春台」
『大石家義士文書』　佐々木杜太郎柱注、新人物往来社刊　一九八二年
「大石家義士之書」「元禄十三年辰三月廿有七日播州赤穂城主浅野内匠頭侍帳」「元禄六年浅野家分限帳」
『忠臣蔵』（第三巻）　赤穂市総務部市史編さん室編、赤穂市、一九八七年
「浅野家赤穂藩札処理記録」「赤穂城引渡し役人・武具・払物覚」「開城の状況を伝える書状」「写し伝えられた赤穂浪士の書状」「残り人之覚」

史料『預置候金銀請払帳』

※原文に対して読点と中黒のみ補い、一部を新字にあらためた。
※特殊な用字のみ、初出にルビを振った。

（表紙）

元禄十五年

預置候金銀請払帳

午
十一月

大石内蔵助

金銀請取元

[1] 一、金四百三拾壱両三歩弐朱
銀四拾壱匁七分
赤穂ニ而《にて》巳六月四日請取、

[2] 一、金弐百弐拾両
赤穂ニ而巳六月三日手形ニ而請取、

③ 一、金参拾両

京六波羅普門院江戸指下可申ト心当、赤穂ニ而岡本次郎左衛門請取候得共、江戸へ普門院不下候ニ付、此方へ請取元ニ立ル、

④ 一、金八両壱歩
銀五匁弐分五厘

紫野瑞光院ニ而御石塔・御位牌建候入用ニ心当、小野寺十内赤穂ニ而受取銀指引残金、十内ゟ《より》受取元ニ立ル、

合 金六百九拾両弐朱
銀四拾六匁九分五厘

右金銀之払左ニ記

① 一、金百両

紫野瑞光院ニ建ル御墓為寄附、山相調候代金也、則証文有之候、

② 一、金拾両

八幡山滝本坊方ニ而之御祈禱料ニ遣之、手形有、

③	一、金壱両壱歩 但五百疋	智積院隠居僧正江《え》手遣ニ同宿五人江百疋宛遣候、橋本次兵衛江渡ス、手形有、
④	一、金弐拾両	遠林寺用事ニ付江戸江指遣往来路銀、於江戸方々江手遣ノ入用銀ニ渡ス、手形有、
⑤	一、金壱両	遠林寺弟子以船遠林寺申談候用事ニ付、京都江差遣候路銀ニ渡、手形有、
⑥	一、金壱両 銀子五分	御代官中江遣候切付弐背之野沓仕直シ代并《ならびに》大坂飛脚往来路銀、志水小兵衛ニ渡ス、手形有、
⑦	一、銀七拾壱匁九厘	岡田庄大夫殿手代三人御用ニ付、佐々小左衛門宅江招請入用、三村次郎左衛門ニ渡ス、手形有、
⑧	一、銀四拾三匁	大坂木屋太兵衛、御家中用事前々ニ不相替情を出シ勤候段承届候ニ付、為褒美遣ス、則受取手形有、
⑨	一、金弐拾両	御家中大坂調物代滞り、岡本次郎左衛門江渡ス、手形有、

⑩ 一、金五両

紫野瑞光院ニ而施餓鬼料遣ス、手形有、大石内蔵助・進藤源四郎・小野寺十内参詣仕候、

⑪ 一、金五両

八幡山大西坊江御祈禱浴油料遣之、手形有、

⑫ 一、銀弐拾弐匁八分三厘

草苅伝左衛門今切御証文滞り候ニ付、矢頭長助大坂ゟ呼寄申談候往来路銀渡ス、手形有、

⑬ 一、金弐両

大坂木屋太兵衛ニ遣ス、前廉銀壱枚遣候得共、段々御家中用事相勤、所々届状共ニも自分之人指遣ひ物入も有之難儀之体ニ矢頭長助承届申聞候、弥情出シ勤させ為可申遣候、受取手形有、

⑭ 一、銀参拾三匁三分

草苅伝左衛門浜松へ引越候ニ付、今切御証文之儀ニ付、小野寺十兵衛・田中文右衛門・石嶋助大夫方へ之音物入用、則十兵衛指図ニ而遣ス、手形有、

⑮ 一、金五両壱歩

紫野瑞光院東堂誡首座・宗鉄両人へ遣ス、是ハ瑞光院山を調附置候ニ付、始終之為可然と、小野寺十内申談遣之、手形有、

⑯ 一、金九両
銀六匁

進藤源四郎江戸江指遣候道中路銀・旅籠・江戸逗留中雑用、手形有、

⑰ 一、金拾両三歩弐朱
銀弐匁壱分三厘

潮田又丞・原惣右衛門ニ指添江戸へ遣候道中往来路銀・旅籠・江戸滞留雑用、但シ罷上り候節ハ源四郎同道ニて上ル、手形有、

⑱ 一、金弐拾壱両壱歩
銀拾匁四分弐厘

内蔵助、岡本次郎左衛門同道ニ而江戸へ罷下道中路銀・旅籠・江戸滞留雑用・会所入用之分、手形有、

⑲ 一、金弐両弐歩
銀拾匁四分

岡本次郎左衛門、右之節江戸江罷下往来馬銀、但旅籠・江戸滞留雑用ハ内蔵助方ゟ払、手形有、

⑳ 一、金弐両弐歩
但千疋

江戸芝ニ而日用頭前川忠大夫儀、前々之通御家中用事情ヲ出シ相勤候由承届、段々下向之面々借宅其外肝いらせ為可申褒美ニ遣候、受取有、

㉑ 一、金八両

奥野将監江戸江罷下候往来路銀ニ渡ス、手形有、
但道中差引之目録不出、

㉒ 一、金拾六両弐歩弐朱
銀三匁六分

原惣右衛門江戸江指遣候道中往来路銀・旅籠・江戸滞留雑用、手形有、

㉓ 一、金弐両弐歩
銀三匁五分

大高源五、進藤源四郎同道ニ而江戸江指下候片道路銀・旅籠銀、手形有、

㉔ 一、金七両弐歩弐朱
銀六匁五分

大高源五江戸滞留中雑用、原惣右衛門同道ニ而罷登節、道中路銀・旅籠銀、手形有、

㉕ 一、金七拾両

江戸三田屋敷調代、則家売証文三枚別封有、

㉖ 一、金弐歩

瑞光院拾翠庵江頼、稲荷御祈禱料ニ遣ス、手形有、

㉗ 一、金拾両

瀧立仙江戸江手遣ニ頼遣候ニ付、用意之ため千馬三郎兵衛取次ニ而遣ス、手形有、

㉘ 一、金三両

右立仙江戸へ下り候路銀ニ、千馬三郎兵衛ニ渡シ遣ス、手形有、

㉙ 一、金五両弐歩

千馬三郎兵衛江戸へ指下候ニ付、不勝手之者故用意并路銀ニ遣ス、手形有、

㉚ 一、金五両

中村勘助奥州白川江妻子引越候ニ付勝手指詰り及難儀候段承届、為引料遣ス、手形有、

㉛ 一、金弐両壱歩
銀弐匁八分

内蔵助、小野寺十内同道ニ而美濃大垣江罷越往来路銀・駕籠賃・十内旅籠共ニ、手形有、

㉜ 一、銀弐拾四匁七分

右大垣江参候節、小野寺十内馬銀ニ渡、手形有、

㉝ 一、金弐拾四両壱歩

遠林寺江戸へ手遣ニ罷下候ニ付、往来路銀ニ渡、手形有、

㉞ 一、金三歩　紫野瑞光院東堂誠首座ヲ頼、稲荷御祈禱料ニ渡ス、手形有、

㉟ 一、金六両
銀三拾目　千馬三郎兵衛・神崎与五郎宿飢餲候ニ付、原惣右衛門・岡本次郎左衛門相談ノ上ニ而渡ス、手形有、

㊱ 一、金三両　三村次郎左衛門勝手不如意願ニ付遣之、手形有、

㊲ 一、金三両　矢頭右衛門七及飢餲候ニ付、進藤源四郎・岡本次郎左衛門申談遣之、手形有、

㊳ 一、金六両三歩　横川勘平早道ニ而江戸江指下路銀、三歩ハ京都滞留雑用ニ渡、手形有、

㊴ 一、金四両弐歩　堀部安兵衛江戸ゟ為内談罷上ル往来路銀・京都滞留雑用、手形有、

㊵ 一、銀弐百六拾壱匁六分　多田和泉守方ニ而伊勢江御祈禱料并江戸へ度々遣候書状賃銀、京綿屋善右衛門ニ渡ス、手形有、

㊶　一、金三歩弐朱
　　　　銀五匁五分五厘　堀部安兵衛・潮田又丞江戸江指下シ、江戸者会談之節入用、両人手形有、

㊷　一、金八両壱歩
　　　　銀四分五厘　潮田又丞江戸江使ニ遣候往来通シ駕籠賃・旅籠銀渡、手形有、

㊸　一、金三両弐歩弐朱
　　　　銀三匁三分八厘　近松勘六・潮田又丞同道ニ而江戸ゟ罷上り候片道通駕籠・旅籠銀渡、手形有、

㊹　一、金弐両壱歩
　　　　銀五匁五分　大高源五・貝賀弥左衛門用事ニ付赤穂へ指遣往来路銀・滞留中雑用渡ス、手形有、

㊺　一、金壱両壱歩
　　　　銀四匁弐分　大高源五赤穂江用事ニ付指遣候路銀・滞留中雑用、手形有、

㊻　一、金拾両　原惣右衛門勝手難儀之旨承及ニ付、為取続遣、手形有、

㊼　一、金拾両弐歩弐朱
　　　　銀五匁八分五厘　近松勘六江戸へ指下路銀・滞留中雑用共渡ス、手形有、

㊽ 一、金弐両三歩弐朱
銀四匁弐分五厘　八構布九疋代、此度入用ニ調之、手形有、

㊾ 一、金三歩　岡野九十郎上京路銀大高源五へ渡、手形有、

㊿ 一、金八両　岡野九十郎・武林唯七両人江戸江指下路銀渡、手形有、
内三両　九十郎路銀
三両　唯七路銀
弐両　唯七勝手不如意願ニ付遣ス

51 一、金弐拾壱両　千馬三郎兵衛・中田理平次・中村清右衛門・間重次郎・岡嶋八十右衛門・鈴田重八・矢頭右衛門七以上七人江戸へ指下路銀、三郎兵衛手形にて渡ス、

52 一、金六両　杣庄喜斎・大塚藤兵衛両人江戸路銀、原惣右衛門ニ渡ス、手形有、

(53) 一、金九両弐歩　間瀬久大夫・同孫九郎両人江戸路銀、久大夫ニ渡ス、手形有、
　　内四両　久大夫路銀京都滞留雑用
　　三両弐歩　孫九郎路銀京都滞留雑用
　　弐両　久大夫勝手不如意宿遣度願ニ付遣ス

(54) 一、金五両　小野寺幸右衛門江戸へ指下候路銀渡ス、弐両ハ無拠入用之由願ニ付遣ス、手形有、

(55) 一、金三両　茅野和助江戸へ指下ス路銀渡ス、手形有、

(56) 一、金三両　大石瀬左衛門江戸へ指下ス路銀渡、手形有、

(57) 一、金三両　矢野伊助江戸へ指下ス路銀渡ス、手形有、

(58) 一、金三両　大高源五江戸へ指下ス路銀渡ス、手形有、

(59) 一、金三両弐歩　不破数右衛門江戸へ指下ス路銀、弐歩ハ京都滞留雑用渡ス、手形有、

⑥⓪ 一、金壱両
毛利小平太江戸へ罷下候節、道中煩ニ付武林唯七に持せ遣ス、御用金拾両之内ニ而渡ス、手形有、

⑥① 一、金壱両
京丸山ニ而打寄会談之入用拾九人分、三村次郎左衛門仕払、手形有、

⑥② 一、銀百三拾六匁五分四厘
原惣右衛門ゟ書出ス方々飛脚賃銀幷路銀不足之面々遣ス、手形有、

⑥③ 一、金弐歩
銀五匁
奥野将監・近松勘六方へ遣ス飛脚賃銀、手形有、

⑥④ 一、銀拾五匁七分五厘
江戸江度々遣候状賃銀寺井玄渓江渡、手形有、

⑥⑤ 一、金三両
貝賀弥左衛門江戸指下ス路銀渡、手形有、

⑥⑥ 一、金拾両
大高源五勝手取続難成由願ニ付渡、手形有、

⑥⑦ 一、金拾両
此度之一儀ニ付瑞光院ニ而心当有之、其旨寺井玄渓江中含同人江相渡置候、手形有、

⑥⑧ 一、金三両　寺井玄達江戸江同道仕候路銀渡ス、手形有、

⑥⑨ 一、金壱両　武林唯七用事ニ付、江戸ゟ藤沢迄罷出候路銀・旅籠其外入用ニ渡、手形有、

⑦⓪ 一、金三両　中村勘助江戸江指下ス路銀渡、手形有、

⑦① 一、金弐拾両弐歩
銀六匁九分壱厘　吉田忠左衛門江戸江指下ス路銀・江戸逗留中雑用渡、手形有、

⑦② 一、金壱両　礒貝十郎左衛門九月・十月両月分江戸宿代渡、手形有、

⑦③ 一、金弐歩　前原為助相煩候ニ付服用之人参壱両代、礒貝十郎左衛門へ渡、手形有、

⑦④ 一、金壱両　神崎与五郎江戸雑用銀渡ス、手形有、

⑦⑤ 一、銭弐貫八拾文　冨森助右衛門・中村勘助両人、内蔵助宿平間村へ為案内金川迄罷出候路銀・旅籠渡ス、両人手形有、

(76) 一、金四両　銭三百五拾文
内蔵助宿平間村入用・諸道具調代、冨森助右衛門渡、手形有、

(77) 一、金四両　銀九匁三分
堀部安兵衛・倉橋十左衛門・毛利小平太・横川勘平・村松三大夫・家頼壱人霜月中飯料渡、手形有、

(78) 一、銀弐拾六匁
右六人本所十月分宿代、堀部安兵衛渡、手形有、

(79) 一、金壱両弐分
勝田新左衛門・武林唯七・家頼壱人霜月中飯料渡ス、手形有、

(80) 一、銭八百五拾文
杉野十平次・右三人本所十月分宿代渡、手形有、

(81) 一、金弐両
間喜兵衛・同重次郎・同新六・千馬三郎兵衛霜月中飯料渡、手形有、

(82) 一、銀弐拾四匁
右四人糀町借宅十月分宿代渡ス、手形有、

(83) 一、金壱両
杉野十平次上下弐人十月分飯料、堀部安兵衛渡、手形有、

㊹ 一、金弐両　中村勘助・間瀬孫九郎・小野寺幸右衛門・家頼一人上下四人霜月中飯料渡ス、手形有、

㊺ 一、金弐歩
銀五匁　右四人糀町ニ而借宅十月分宿代渡ス、手形有、

㊻ 一、銭弐百四拾文　右糀町之借宅番銭中村勘助ニ渡ス、手形有、

㊼ 一、金弐歩弐朱
銭四百三拾八文　吉田忠左衛門糀町ニ而借宅十月分宿代・番銭渡ス、手形有、

㊽ 一、金弐歩　不破数右衛門霜月中飯料ニ渡、手形有、

㊾ 一、金弐歩　矢頭右衛門七霜月中飯料渡、手形有、

㊿ 一、銀拾三匁八分　片岡源五右衛門湊町借宅十月分宿代渡、手形有、

(91) 一、銭五百弐拾五文　吉田忠左衛門家頼、鎌倉ゟ平間村へ用事ニ付遣候道中路銀ニ渡、手形有、

⑨② 一、金五拾四両三歩　吉田忠左衛門在江戸中諸事入用幷面々へ相渡候飯
銀九匁壱分五厘　料・借宅代同人渡ス、手形有、

⑨③ 一、金拾弐両壱歩　大高源五巳ノ秋江戸へ遣候節相渡路銀之余り不納、
銀四匁五分　則手形有、

⑨④ 一、金壱両壱歩弐朱　きごミ壱領・はちかね一ッ調代、手形有、

⑨⑤ 一、金弐拾壱両弐歩　神崎与五郎江戸へ罷下ル道中路銀幷滞留雑用渡ス、
銀拾壱匁三分　目録有、

⑨⑥ 一、金弐歩　茅野和助無拠入用之由願ニ付遣ス、手形有、

⑨⑦ 一、金弐歩　此度調物代、吉田忠左衛門渡ス、手形有、

⑨⑧ 一、金参両　奥田孫大夫・同小四郎勝手指詰り願ニ付遣、手形
有、

⑨⑨ 一、銀五拾五匁　此度入用ニ付相調候かぎ幷すまる代、神崎与五郎ニ
渡、手形有、

(100) 一、金参両　早水藤左衛門勝手指詰り候ニ付遣ス、手形有、

(101) 一、金壱両　村松隆円無拠入用之由願ニ付遣ス、手形有、

(102) 一、金壱歩
銀九匁三分　小野寺幸右衛門十月五日ゟ晦日迄飯料、中村勘助へ渡ス、手形有、

(103) 一、銀弐拾壱匁七分五厘　毛利小平太無拠入用之由願ニ付遣ス、手形有、

(104) 一、銭八百三拾弐文　此度入用相調候木でこ四丁代幷日用賃、手形有、

(105) 一、銀拾壱匁弐分　此度入用ニ付相調候矢籠・矢からミ・いと代、手形有、

金壱歩
(106) 一、銀百三拾九匁五分
銭九百三拾弐文　此度入用ニ付相調鎗・弓矢幷矢籠代、手形有、

(107) 一、金三歩　寺坂吉右衛門此度之用意之ため遣、手形有、

(108) 一、金弐歩弐朱　赤埴源蔵・矢田五郎右衛門両人霜月半月分之飯料
幷宿代渡、手形有、

(109) 一、金壱両弐歩　横川勘平着込はちかね代遣、手形有、

(110) 一、金壱歩　堀部安兵衛、此度之用事ニ付鎌倉へ罷出候道中路
銭三百文　銀渡、手形有、

(111) 一、金壱両　間重次郎・同新六弓・鎗代渡、手形有、

(112) 一、金壱両　武林唯七長刀調代渡、手形有、

(113) 一、金弐歩　間瀬孫九郎鎗調代渡、手形有、

惣〆《すべてしめて》　金六百七拾七両弐歩
銀壱貫六拾五匁五分五厘
銭六貫五百五拾九文　但壱貫文拾五匁替
銀ニ〆《して》九拾四匁四分五厘

二口ノ

銀〆壱貫百六拾目

請取銀之元ニ指引メ

銀壱貫百拾三匁五厘　但壱両五拾六匁替

金ニメ拾九両三歩弐朱ト銀五厘

金都合六百九拾七両壱歩弐朱

請取金元ニ指引メ

金七両壱歩不足

自分より払

右預置候御金払之勘定帳一冊、御披見ニ入候、以上

元禄十五年午十一月

大石内蔵助　◯㊞

落合与左衛門殿

山本博文　1957（昭和32）年岡山県生まれ。東京大学文学部国史学科卒。同大学院人文科学研究科を経て、同大学史料編纂所助手。現在、東京大学大学院情報学環教授、同大学史料編纂所教授（兼任）。

Ⓢ新潮新書

495

「忠臣蔵《ちゅうしんぐら》」の決算書《けっさんしょ》

著者　山本博文《やまもとひろふみ》

2012年11月20日　発行

発行者　佐藤隆信

発行所　株式会社新潮社

〒162-8711　東京都新宿区矢来町71番地
編集部(03)3266-5430　読者係(03)3266-5111
http://www.shinchosha.co.jp

印刷所　錦明印刷株式会社

製本所　錦明印刷株式会社

ISBN978-4-10-610495-4　C0221

価格はカバーに表示してあります。